一部手机玩转投资理财

随时理财，闲钱生钱，财务自由
有图有步骤，有方法有技巧。一学就会，拿来即用

一部手机玩转
投资理财

褚超 / 著

中国商业出版社

图书在版编目（CIP）数据

一部手机玩转投资理财 / 褚超著 . — 北京：中国商业出版社，2017.1
ISBN 978-7-5044-9661-4

Ⅰ.①一… Ⅱ.①褚… Ⅲ.①互联网络 – 应用 – 投资 – 基本知识 Ⅳ.① F830.59-39

中国版本图书馆 CIP 数据核字 (2017) 第 001870 号

责任编辑：唐伟荣

中国商业出版社出版发行
010-63180647　　www.c-cbook.com
(100053　北京广安门内报国寺 1 号)
新华书店经销
北京时捷印刷有限公司印刷

*

710×1000 毫米　1/16　19 印张　295 千字
2017 年 3 月第 1 版　2017 年 3 月第 1 次印刷
定价：42.80 元

*　*　*

（如有印装质量问题可更换）

前言
PREFACE

如今，手机已成为我们日常生活中的必需品，它对我们的生活产生了巨大而深远的影响。并且，手机这一发明对于21世纪来说，不亚于铁器、蒸汽发动机、计算机等发明的历史意义。

随着4G网络时代的到来，手机的功能也日益强大，它不仅集搜索、娱乐、交际等功能于一身，更具有即时支付、消费、理财等新功能。毫不夸张地说，手机的功能正日益完善，且趋于多样化发展。用户在手机屏幕的方寸之间，便可以轻松搞定一切。

如果你对财富有渴望，对成功有追求，想要创造自己的人生事业，甚至想要打造自己的财富帝国，那么毫无疑问，手机理财将是助你实现上述目标的最佳捷径。

只有小额资金的你，能否找到适合自己的项目？能否借助智能手机，实现理财的目的？

手机银行APP应该如何使用才能帮助我们走上致富之路？

微众银行又是什么，我们该如何玩转理财通？

如何在百度理财上开户，让它成为我们的理财工具？

如何让支付宝成为我们生活和理财的帮手？

微信理财通提供了一种崭新的投资理财渠道，能帮助我们实现财富保值、增值，我们应该如何使用它？

如何进行P2P理财？

随着"互联网+"时代的到来，众筹行业在不断向前发展。如今，用手机也可以参与众筹项目。那么，如何找到适合自己的众筹平台？

对于平日忙于工作的炒股人士来说，用手机炒股堪称理财的首选之路。那么，如何用手机炒股？

通过手机基金APP，你能够告别银行排队的烦恼，摆脱电脑和网线的束缚，这无疑打通了理财与生活的"任督二脉"，实现"理财即生活，生活也理财"。那么，如何用手机炒基金？

如何用手机创业，哪些创业方式可以让你走上致富之路？

互联网时代，面对五花八门的手机理财类APP和各种理财项目，应该怎样才能制定一套适合自己的理财方案呢？

……

这些问题是通向手机理财之路所必须了解的基本知识，这些问题在本书里都有精彩解答。

本书针对手机族，详细讲解了手机投资理财的模式、方法和技巧。内容涵盖消费理财、投资理财、生活理财、手机创业、财务管理五个方面，详尽介绍了新兴的互联网金融理财产品的筛选、投资技巧、第三方支付平台的使用技巧等。

喜欢刷微信的手机族，可以利用微信理财通进行理财；喜欢网上购物的手机族，可以利用网上支付强大的理财功能，进行财务管理与投资理财；信赖银行的手机族们，可以把银行"装"进手机里，随时随地地办理业务；股民基民们可以用手机随时查看行情、随时交易，不会错过每一波行情。

手机理财让每一分闲钱都能投资获益，让每个手机族都能通过手机理财实现资金保值、增值。即使没有任何理财经验的小白，通过阅读本书，也能进行简单的理财和财务管理。只要拥有一部手机，人人皆可进行便捷的财务管理，通向财务自由！

前　言

本书尽可能避免过多专业术语或相关理论，言简意赅地解决以下问题：

手机理财，我们可以做什么？

手机理财，我们又该怎么做？

本书是目前最前沿、最流行的手机理财书籍，所有的操作步骤都在实际理财中得到过验证，获得了巨大的成功，并且还在持续创造着惊人的效益！

本书编排精美、内容详尽、讲解清晰，力求让读者活学活用，在手机理财过程中实践技巧，并转化为实实在在的收益，早日走上快速赢利的良性理财道路。

目录 CONTENTS

第1章 财务自由从手机理财开始
1.1 什么是手机理财 …………………………………………… 002
1.2 手机理财的特点 …………………………………………… 003
1.3 手机理财前需要做的安全工作 …………………………… 003
1.4 手机理财的三大误区 ……………………………………… 007
1.5 手机理财需要防范的风险 ………………………………… 010

第2章 手机理财类APP
2.1 手机理财类APP的特点 …………………………………… 014
2.2 铜板街——国内首家综合性理财交易平台 ……………… 017
2.3 挖财——功能最全的记账APP …………………………… 024
2.4 51信用卡管家——强大的信用卡管理神器 ……………… 038
2.5 盈盈理财——保证本金安全，收益稳定 ………………… 047
2.6 如何防范手机理财类APP的风险 ………………………… 054

第3章 手机银行APP，手机里的私人银行
3.1 传统金融机构纷纷"触网" ……………………………… 058
3.2 注册手机银行APP ………………………………………… 061

3.3 信息查询，简单便捷 ··· 067

3.4 办理银行业务 ·· 083

3.5 轻松完成理财 ·· 105

第4章 微众银行，国内首家网络银行

4.1 什么是微众银行 ··· 120

4.2 如何在微众银行开户 ·· 121

4.3 微众银行之"活期+"理财攻略 ·································· 125

4.4 微众银行之"微众金"理财攻略 ································ 129

第5章 百度理财，理财产品大超市

5.1 什么是百度理财 ··· 138

5.2 如何在百度理财上开户 ·· 139

5.3 百度理财之"百赚"投资攻略 ··································· 141

5.4 百度理财之"百度理财B"投资攻略 ··························· 148

5.5 百度理财之"百发"投资攻略 ··································· 152

5.6 百度理财之"百赚利滚利"投资攻略 ··························· 155

5.7 如何参与百度理财上的众筹 ···································· 160

第6章 支付宝钱包，"生活+理财"一站式解决

6.1 什么是支付宝钱包 ··· 164

6.2 如何用支付宝理财 ··· 171

6.3 如何购买娱乐宝 ··· 180

6.4 如何玩转余额宝 ··· 187

6.5 芝麻信用，开启你的信用生活 ·································· 195

6.6 支付宝钱包使用方法 ·· 209

第7章 腾讯理财通，随时随地无缝理财

- 7.1 什么是腾讯理财通 ········· 228
- 7.2 腾讯理财通提供的理财产品 ········· 230
- 7.3 如何购买腾讯理财通产品 ········· 232
- 7.4 安全卡的使用 ········· 237
- 7.5 腾讯理财通之货币基金投资攻略 ········· 240

第8章 P2P理财，开启中长期理财

- 8.1 什么是P2P理财 ········· 244
- 8.2 常用的P2P平台 ········· 249
- 8.3 P2P手机投资理财流程 ········· 255
- 8.4 P2P投资理财的注意事项 ········· 262

第9章 众筹，与创业者一起创业

- 9.1 什么是众筹 ········· 268
- 9.2 众筹的商业融资模式 ········· 269
- 9.3 主要众筹平台 ········· 271
- 9.4 如何选择商品众筹项目 ········· 286
- 9.5 如何分析股权众筹项目的可行性 ········· 289

本章精彩导读

什么是手机理财
手机理财的特点
手机理财前需要做的安全工作
手机理财的三大误区
手机理财需要防范的风险

第1章 财务自由从手机理财开始

如今，各类手机理财APP如八仙过海，各显神通。对有理财需求的用户来说，掌握这些理财"利器"，无疑能为打理好自己的财务生活锦上添花。手机理财已成为一种时尚，它的应用热潮一浪高过一浪，手机必将成为我们忠实的"管家"和得力的"财务顾问"。

1.1 什么是手机理财

所谓手机理财，指的是银行、手机生产商与网络服务商之间共同合作，携手推出的一种新型电子金融服务。

与传统的金融理财服务相比，它充分利用手机的便携性，可以使用户随时随地地了解并掌握理财市场的各种信息，及时做出保障或符合自身利益的决定。

用户只需向网络服务商申请手机理财的服务，便会收到是否确认开通该项服务的短信提示。用户确认之后，可以直接在手机上管理已实名认证过的登记账户。网络服务商覆盖的任何区域内，用户都可以享受手机理财服务。同时，为了提高手机理财的安全性，每笔操作都会有短信提示，来确认交易由用户本人亲自操作，每一步骤都得到了用户的认可。而银行收到用户的指令后，即可进行交易。用户可以在手机界面进行账户查询、现金转账、股票信息查询及交易、外汇买卖等各种金融理财业务，也可以办理临时性挂失、委托银行代缴各种费用等业务。

可以说，手机理财是目前最先进和便捷的新型金融服务方式之一。

在手机理财的推广初期，有用户对这项服务是否安全表示出担心。其实大可不必如此。用户在开通手机理财业务之前会被要求设置第二密码，当用户在使用过程中涉及到金钱交易时，银行会要求输入第二密码以进行确认。

目前，各类手机理财APP如八仙过海，各显神通。对有理财需求的用户来说，掌握这些理财"利器"，无疑能为打理好自己的财务生活锦上添花。手机理财已成为一种时尚，它的应用热潮一浪高过一浪，手机必将成为我们忠实的"管家"和得力的"财务顾问"。

1.2 手机理财的特点

在当今社会,不管是刚刚走出校门的大学生,还是朝九晚五的上班族,他们身上都存在收支不平衡的现象。可以说,个人的不恰当的理财习惯是导致出现这种现象的主要原因。手机理财的出现,则为这些年轻人提供了一个很好的理财方式。

手机理财,与传统的记账不同,它不仅包含了每笔资金的消费或交易记录,而且也使得空闲资金产生额外价值,使得用户在手机屏幕的方寸之间即可获得更多的投资理财信息。

具体来说,手机理财具有以下特点。

手机理财的特点

基本特点	特点说明
账户管理方便	用户可以方便地通过手机使用移动互联网,随时随地查询账户余额、交易记录、实时转账、修改密码等,管理自己的账户。
成本低	手机理财不需要去营业厅,成本更低。
服务个性化	手机理财能更好地实现用户的需求,用户可以定制自己的消费方式和个性化服务,账户交易更加简单方便。
即时性	同传统的理财渠道相比,手机理财的最大优势就是用户可随时随地地获取所需的服务、应用、信息和娱乐。用户可以在自己方便的时候,使用智能手机查找、选择及购买理财产品和生活服务。

1.3 手机理财前需要做的安全工作

作为一种新型电子金融渠道,手机理财凭借着自身的移动性、即时性和便捷性获得了越来越多人的青睐和使用,成为人们日常生活中的重要部分。

但是,手机理财也存在着安全隐患,比如易遭受手机病毒入侵、诈骗短信、二维码木马、电子密码器升级诈骗等各种威胁和风险,给个人资产带来损失。

在手机理财领域里没有绝对的安全，只有相对的安全。不过到目前为止，所有的手机理财软件，都是以牺牲某种程度的安全为代价。我们可以通过以下方法提高个人的手机理财的安全程度。

```
┌─────────────────────────────────────────────┐
│           手机不要随便外借或随处乱放           │
└─────────────────────────────────────────────┘

┌───────────────────────────────┐  ┌──────────────────┐
│ 不要在手机中存入银行卡密码或重要信息 │  │ 不要随意打开陌生软 │
│                               │  │ 件，以防软件中带有 │
│                               │  │ 木马程序          │
└───────────────────────────────┘  └──────────────────┘

┌──────────────┐  ┌──────────────┐  ┌──────────────┐
│ 手机丢失后要及时申请│  │ 最好不要将手机和身│  │ 当手机账户中的资金被│
│ 冻结银行卡和相关的支│  │ 份证放在一起     │  │ 盗时，应及时报警   │
│ 付服务        │  │              │  │              │
└──────────────┘  └──────────────┘  └──────────────┘
```

■ 手机和密码一定要保管好

虽然手机理财具有"操作方便""简单易会"的特点，但仍有很多用户贪图方便，将相关的账号信息或者银行卡密码存储在手机上。这样做意味着用户手机一旦被盗，就会面临密码泄露的危险，继而严重危害到用户的个人资产。

■ 保持良好的手机理财习惯

如今，手机在人们的日常生活中发挥着越来越重要的作用，除了有常规的转账、查询等功能外，还有团购电影票、手机充值、缴纳交通罚款等其他生活类功能。别看小小的一部手机，却可以集中搞定理财、娱乐、工作等方方面面的事情。

同时，很多用户也存在着这样的顾虑，万一不小心弄丢了手机，那么自己手机上的账户信息就都暴露了。实际上，只要用户注意并保持以下的手机理财习惯，诸如此类的安全问题，大可不必担心。

（1）尽管大多数手机理财类APP自身配有密码防护，用户最好为自己经常使用的支付账户设置单独的、安全级别较高的二次密码。

（2）设置手机PIN密码和锁屏密码。这两种密码相当于为理财APP提供了双重保护。即使手机丢失，捡到的人也难以解开。

（3）用户必须从银行官方网站上下载手机银行客户端，同时确认签约绑定的是本人的手机号码，这样可以有效规避钓鱼网站引起的信息风险。

（4）如果发生手机无故停机或不能使用等情况时，用户要立即向网络运营商查询原因，以免错过最佳的止损时间。

（5）查询或确认相关理财APP后，用户要退出登录。部分手机银行有超时退出功能，部分没有，所以用户对此要特别留心。另外，用户也要及时清除手机内存中临时存储的个人账户、登录密码等关键信息。这样，即使弄丢手机，不法分子也难以盗取、利用用户的私人信息。

（6）安装手机管家软件，开启手机防护功能。当手机丢失后，用户可以在电脑上执行清空手机数据的操作。

（7）如果用户更换了手机号码，要及时解除并更新原来的手机号码与银行卡的绑定关系。如果手机不慎丢失，也要及时赶到就近的银行网点，办理冻结手机理财功能，避免因此造成经济损失。

（8）用户应该结合自身的实际情况，设定每天或每月转账的最高额度。如果用户只是进行小额支付或话费充值的话，不妨把转账金额设定得低一些，这样就可以充分保障资金安全。

■ 安装手机杀毒软件

360手机卫士是目前下载量最多的一款免费手机监控软件之一，集手机加速、防电话骚扰、流量监控、节电管理以及病毒查杀等功能于一身，也是广受好评的手机杀毒软件。

360手机卫士，不仅可以全面扫描手机中已安装的软件中存在的病毒隐患，还可以对陌生软件进行联网云查杀。与此同时，360手机卫士还可以详细列出恶意软件的威胁行为。

360手机杀毒软件的使用步骤如下所述。

第一步：打开"360手机卫士"APP，阅读软件许可使用协议，点击"同意"按钮。如下图所示。

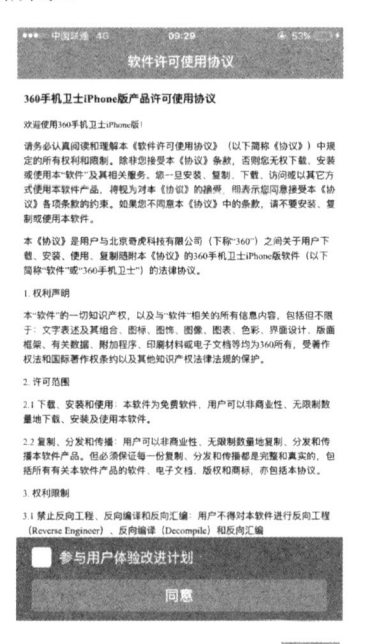

第二步：在360手机卫士主界面中点击"　　"按钮，即可执行快速扫描、全盘扫描和主动防御等功能。如下图所示。

第三步：执行完上一步的操作，"状态检测"会给出相应建议。如下图所示。

1.4 手机理财的三大误区

手机理财毕竟是一种新型理财方式，用户在不了解的情况下对手机理财存在误区也是难免的。

下面是一些常见的误区示例及其正确的解释，希望能帮助读者走出理财误区。

■ 下载数个理财APP

对于刚刚接触手机理财的用户来说，常有这样的行为：一个理财APP就可以完成的工作，偏偏要下载数个理财APP来完成，借此来炫耀自己在理财方面的达人地位。这种做法并不科学，理财APP并不是越多越好，具体原因如下。

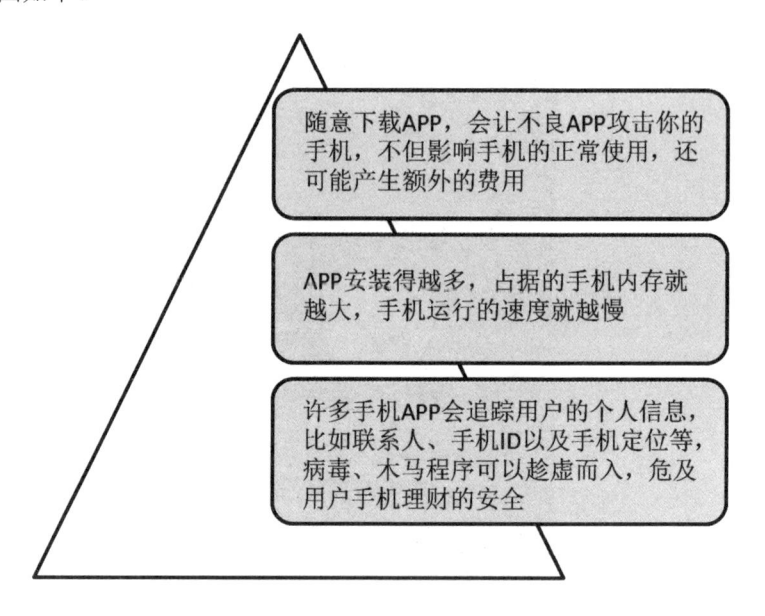

- 随意下载APP，会让不良APP攻击你的手机，不但影响手机的正常使用，还可能产生额外的费用
- APP安装得越多，占据的手机内存就越大，手机运行的速度就越慢
- 许多手机APP会追踪用户的个人信息，比如联系人、手机ID以及手机定位等，病毒、木马程序可以趁虚而入，危及用户手机理财的安全

■ 不重视手机支付安全

移动互联网技术的发展日新月异，越来越多的移动理财APP应运而生，供用户选择。同时，手机与电脑相比起来，使用更为方便，因此手机理财也逐渐成为人们的主流理财方式之一。

尽管手机与"钱袋子"息息相关，但仍有许多用户对手机支付安全做得不到位，具体表现有以下两种情况。

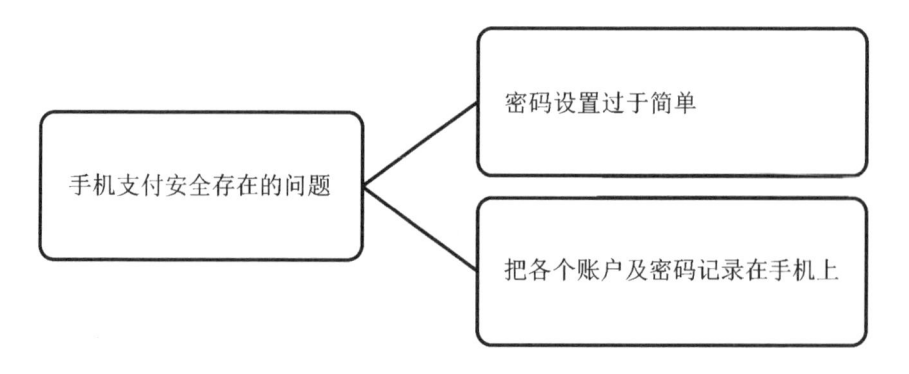

手机支付安全存在的问题：
- 密码设置过于简单
- 把各个账户及密码记录在手机上

(1) 密码设置过于简单

错误做法：很多用户出于偷懒的心理，总是"一个密码走天下"，邮箱、银行卡、支付宝、理财账户等，一个密码，轻松搞定。并且有的用户很喜欢把生日、身份证号码等数字，设置成账号密码。

对于用户本人来说，这样设置密码方便记忆。殊不知这样的密码也极其容易被不法分子破解并利用，任何登录平台的密码泄露，便会造成所有的个人资料外泄，导致用户所有账户陷入危险中。

正确做法：出于安全考虑，用户最好在涉及资金的个人账户里设置不同的密码。设置密码的技巧如下。

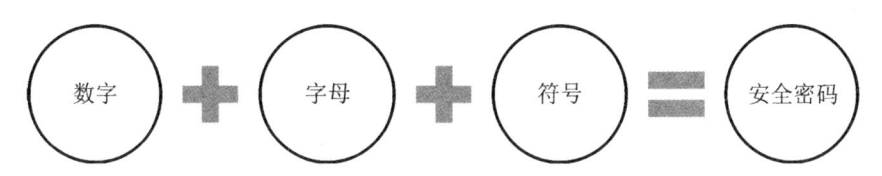

数字 ＋ 字母 ＋ 符号 ＝ 安全密码

如果用户需登录"支付宝"这种与个人信息绑定的理财APP，最好将登录密码和支付密码设置成不同的密码。

(2) 把各个账户及密码记录在手机上

错误做法：由于各种账户密码不相同，所以很多用户为了方便，把各个账户及密码记录在手机上，这样便可以随时查看。但是，这种做法很危险，一旦手机或者电脑连接了公共网络，就很可能遭受木马病毒的入侵，造成手机系统的崩溃和个人信息的泄露。

正确做法：用户不要轻易在不可信或不安全的公共网络环境下进行个人手机理财业务，尤其对于一些不熟悉的网站，要提高警惕，不要轻易填写个人真实信息。

■ 贪图便宜而随便"蹭网"

不管是在一线大城市，还是在二、三线小城市，越来越多的公共场合都提供免费WiFi供手机用户上网。殊不知，有的免费WiFi，特别是一些不需要密码的免费WiFi，其实是"伪装成羊的老虎"，会趁机盗取你的私人信息。

所以，如果用户在公共场所搜索到一个不需要密码的免费WiFi，千万不要贪图一时方便而立即选择连接登录，登录之前要先确定这个免费WiFi是否安全。同样，出于节省手机流量考虑的用户，也不要贪图一时便宜而随便"蹭网"。

手机用户除了保持警惕之外，最好不要在陌生网络中使用账户、密码等，同时要安装杀毒软件、设置密钥或数字证书等，来提高手机对病毒的抵抗力。

1.5 手机理财需要防范的风险

相比起传统金融行业，手机理财的最大优势就在于可以使得用户随时随地进行个人资金的投资和管理。金融行业和移动互联网行业本身就是高风险行业，作为这两个行业的结合，手机理财的风险也比单纯的金融行业或者互联网行业要大得多。

如何防范手机理财存在的风险，保障用户本人的经济利益，是本节的重点内容。

■ 虚假APP理财平台和钓鱼网站

上班族小李最近换了部新手机，因为自己经常使用手机银行进行转账汇款，所以小李需要下载手机银行APP。当小李在网页搜索"工商银行手机银行"后，进入了一个看起来很正规的网站。

正当他填写个人信息的时候，"手机管家"APP提示有风险，但是小李还是填写完并点击"确认"。没过几分钟，小李收到短信提示，他的银行账户里剩余的几十元钱已全部被转走。事后,小李才反应过来原来这是个钓鱼网站。

不法分子通过钓鱼网站诈骗钱财,是最常见的一种下载风险,因此,用户应该提高警惕,不可轻易相信淘宝旺旺、QQ等即时通讯工具里弹出的各种富有诱惑力的广告及其网页地址。

当用户使用手机WAP浏览网页地址时,会直接暴露用户名和密码等重要信息,影响账户安全。尤其是理财类APP,如支付宝、财付通以及微信等,这些即时网络支付渠道最有可能被钓鱼网站利用,并盗取用户信息。为了规避相关风险,用户应该心中有数,提高防范意识,不随意点击虚假APP平台或者钓鱼网站。

■ 利用手机短信进行各种诈骗活动

近年来,银行通过中国移动、中国联通、中国电信这三大通信移动公司陆续开通了手机短信服务,通过短信提示来告知用户最新的资金变动及投资理财信息,不料却被不法分子有机可乘,利用手机短信进行各种诈骗活动。

几天前,熊先生收到一条尾号为95588(工行客服电话)发来的短信,内容是工行的电子密码器即将升级,请熊先生尽快点击并登录短信中的提示网站,确认个人资金。

熊先生首先询问了其他办理了工行卡的朋友,是否也收到这样的短信,得到否定的回答。然后他又打电话咨询工行的客服人员,明确工行并没有举办或者安排类似的活动。于是熊先生做出判断,这是条诈骗短信。

此类短信经常以"系统更新或升级"为由,通知用户登录虚假网站,从而盗用用户的个人信息,非法挪用或占用用户的个人资金。

这就需要用户提高防范意识,掌握辨别诈骗信息的能力,并在适当的时候进行举报,维护自身的合法权益。

■ 二维码的恶意传播

白领张莉在一个楼盘销售中心看到一则团购买房广告，广告上有一个二维码图案，图案旁边写着："欲知活动详情，享受更多购房优惠，请扫旁边二维码！"本来就有购房打算的张莉，就拿起手机扫了一下二维码。没想到几分钟过后她就收到了手机欠费的短信。这时她才意识到：原来刚扫过的二维码有病毒！不然不可能昨天才充的100元话费一天内就全部花完了。

二维码本身只是一个网络链接，是进入网络的端口之一，它并不存在任何侵略性或者攻击性。但是，一旦它所链接的内容存在问题，那么这个二维码就变成了"有毒"的二维码。

二维码产生之初，本是为了能让用户迅速链接网址即时查询。如今，二维码已经成为了大众生活的主流应用之一，不仅应用在查询促销信息、团购消费、在线视频等方面，也开始向电视媒体这一传统领域进军。

国内各大电视台也纷纷开通二维码功能，来提高与观众之间的互动。甚至各种宣传小广告也"与时俱进"，纷纷用上了二维码。

可以说，处处皆有二维码。但也正是在二维码全面崛起的背景下，利用二维码进行恶意传播的行为，例如手机病毒、虚假信息、诈骗活动等，也越来越多，令人防不胜防。

犯罪分子一般将木马程序、网络病毒或者账号窃取软件等网址链接到二维码图片中。用户只需轻轻扫描，手机就会自动下载相关软件，远程监控程序得以被执行，各种支付账户及其密码也会通过数据的形式被复制或转移，甚至可以重设用户的第三方支付密码。更有甚者，在后台实时监控用户的移动支付情况，控制用户手机终端。

因此，用户在扫描二维码之前，应该判断该二维码的来源。换句话说，也就是对发布二维码的公司的正规性或合法性要有一个基本判断。如果用户无法做出判断，则要提高警惕。

本章精彩导读

手机理财类APP的特点
铜板街——国内首家综合性理财交易平台
挖财——功能最全的记账APP
51信用卡管家——强大的信用卡管理神器
盈盈理财——保证本金安全,收益稳定
如何防范手机理财类APP的风险

第2章 手机理财类APP

目前,最受人们欢迎的手机理财类APP主要有铜板街、挖财、51信用卡管家、盈盈理财等。如何利用这些手机理财APP寻找自己感兴趣的理财项目,享受随时随地的全新理财模式,就是本章想要告诉大家的主要内容。

2.1 手机理财类APP的特点

2015年,成都一个男青年因有偿为人安装理财类APP而收入上万元,他的照片在网上迅速走红。据当地媒体报道,该男子平均每天可以为消费者挑选并安装50~60款理财类APP。每个APP收取5元推荐安装费,一天至少可以赚300元左右。生意较好的时候,每天可以赚进千元。

毫无疑问,这则新闻说明利用手机APP来进行投资理财,已成为当下理财的新趋势。

大多数上班族在坐公交、坐地铁的时候,只需动动手指操作手机理财类APP,就可以充分利用自己的资金,增加收益。

据相关调查显示,近年来,随着移动互联网技术的普及和发展,各类手机理财类APP也随之产生。加上人们理财观念的更新,手机理财市场也日益被看好。除了传统的各家银行的手机银行客户端可以提供电子理财业务外,也出现了许多手机理财类APP,它们如雨后春笋般迅速在手机理财市场上占据了一席之位。

那么这些手机理财类APP究竟有哪些特点呢?为什么年轻人会如此热衷于使用它们呢?让我们带着这样的疑问一起在下文里找到答案吧。

手机理财类APP有三个特点。

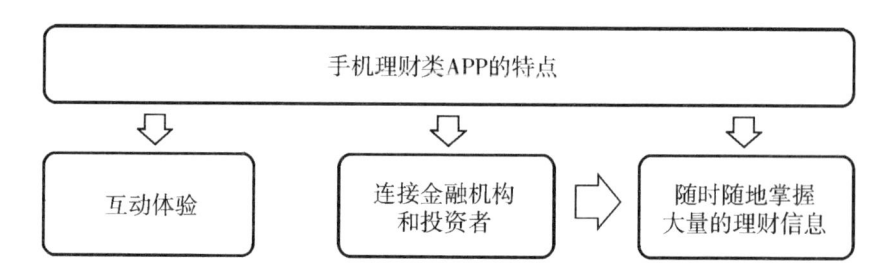

```
         手机理财类APP的特点
    ↓              ↓              ↓
  互动体验      连接金融机构      随时随地掌握
                和投资者          大量的理财信息
```

■ 连接金融机构和投资者

纵观整个理财产业,手机理财类APP处于整条产业链的中间位置。它的上端是金融产品供应商,即传统金融机构,下端为投资人。作为中间桥梁的手机理财类APP,渠道价值就是它最大的价值。

对于金融产品供应商来说,手机理财类APP是投资人的新聚集地。手机理财类APP承载着大量的信息流,这些信息流可以直接送达到投资者手里,使投资者不用受物质媒介的束缚与制约。

而对于投资者来说,手机理财类APP整合了众多的金融产品,可以大大节约精力和时间。

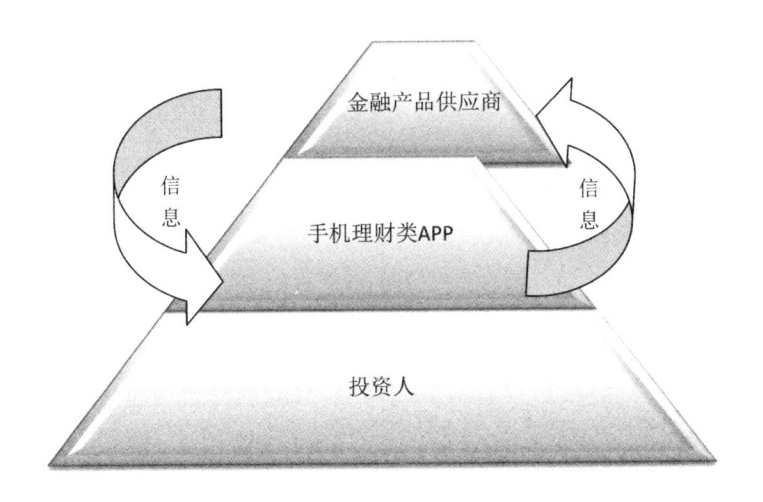

■ 互动体验

相比起银行代理的传统理财产品,手机理财类APP的核心竞争优势就在于:它能带给人们良好的互动体验。

以"问理财"APP为例,它不仅是一款以移动互联网为基础的手机理财媒介，也是具有多媒体功能的理财信息互动平台，你可以在这个平台上一起分享、交流自己的理财心得和经验。

从经济学角度来看，手机理财类APP之所以注重用户体验，是因为网络金融产品和服务具有规模经济的特性。

的确，手机理财类APP的开发和运营成本都相对较低。尤其是在平台扩大规模之后，它的平均成本就会更少。但是，只有在市场空间充裕、用户数量充沛的前提下，手机理财类APP平台才有可能进行扩张。

总体来说，手机理财类APP带来的互动体验主要表现在以下几个方面。

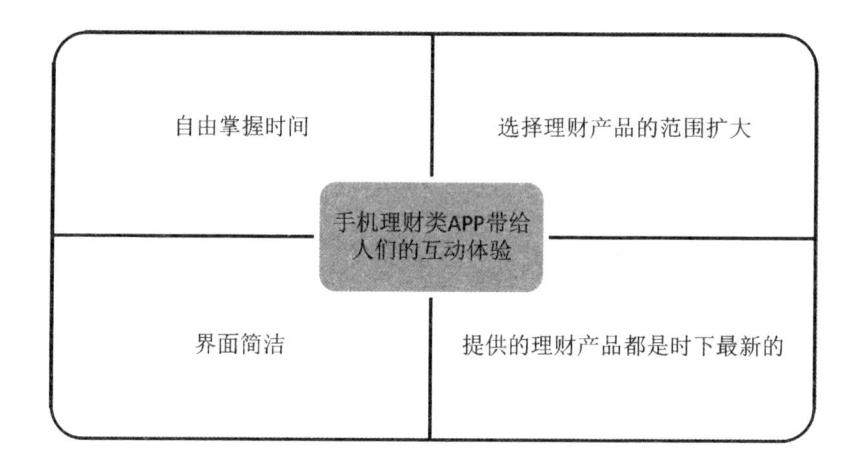

```
┌──────────────────┬──────────────────┐
│   自由掌握时间    │  选择理财产品的范围扩大 │
│           ┌──────────────┐          │
│           │ 手机理财类APP带给 │          │
│           │  人们的互动体验  │          │
│           └──────────────┘          │
│    界面简洁     │ 提供的理财产品都是时下最新的 │
└──────────────────┴──────────────────┘
```

■ 随时随地掌握大量的理财信息

手机理财类APP的最大特点就是：能够让你随时随地掌握大量的瞬息万变的理财信息。

通过"搜索＋比价"的金融产品在线搜索方式，你可以在手机理财类APP上通过比较各个金融产品的收益情况、投资时长、最低额度、参投人数等，挑选最适合的理财产品。

你不需要通过理财顾问或是产品经理来了解可供自身选择的项目与产

品，而是直接与产品"面对面"打交道。换句话说，手机理财类APP可以达到"去中介"的效果。

手机理财类APP利用高速网络，通过搜索关键词，对庞大且杂乱的金融信息进行筛选，缩小产品范围，让你直截了当地找到自己需要的理财产品。

与此同时，手机理财类APP还可以根据你的历史理财记录，来推荐符合你需求的理财产品。这样不仅可以提高服务的精准度，还可以为你节约时间，使得投资和理财更有效率。

2.2 铜板街——国内首家综合性理财交易平台

铜板街是目前国内首款实现综合性理财交易的手机理财类APP，创立于2012年9月。2014年4月，铜板街经中国互联网信用评价中心征信调查和综合评价，获得商务部和国资委行业"双A"信用评价。

下面来看几组数据：

2013年12月，铜板街理财平台累计交易额突破2.7亿元。

2014年3月，铜板街理财平台单日交易额突破1亿元。

2014年12月，铜板街理财平台累计交易额近100亿元。

2015年9月，铜板街理财平台单日交易额突破16.6亿元。

2016年4月，铜板街理财平台累计交易额突破1000亿元。

这些数据足以显示铜板街理财APP的火爆。

2016年，铜板街推出了众多创新型的理财产品，既有1个月预期年化收益率为4%~5%的创新产品和3个月预期年化收益率为8%的产品，也有一年预期年化收益率为10%的产品，还有流动性好、收益稳健的货币基金产品。铜板街让你能充分配置资产，实现更高的理财收益，市场反响

非常好。

■ 铜板街的三大特点

在铜板街手机APP上，你可根据自己的需求和风险承受能力选择合适的理财产品，并用手机完成购买、收益查询、取现等操作，安全而高效。

铜板街是一个具有安全、简单、便捷特点的手机理财APP，致力于帮助更多的人随时随地轻松理财，并获得更高的收益。它主要有两大特点。

保障资金安全	收益高
铜板街账户的资金由平安银行全额承保	年收益率最高可以达到10%，高出银行存款收益

除此之外，铜板街还有着最低100元的亲民理财门槛，银行活期利息14倍以上的收益，随时取现，让投资和理财不再是高端人士的专利，吸引了众多普通人去尝试。

■ 如何注册登录铜板街

铜板街手机理财APP的操作流程非常简单，其具体步骤如下所述。

第一步：在App Store里搜索"铜板街"，点击"获取"按钮，下载到手机里。如下图所示。

第2章 手机理财类APP

第二步：打开铜板街APP，在主界面点击"登录/注册"按钮，进行注册。如下图所示。

第三步：输入手机号，点击"下一步"按钮。输入短信验证码和登录密码，勾选"我同意《铜板街用户使用协议》"，点击"确定"按钮。如下图所示。

第四步：登录铜板街主页面，如下图所示。

第2章 手机理财类APP

■ 如何购买理财产品

在"铜板街"购买理财产品的操作步骤如下所述。

第一步:"铜板街"APP的首页里有多款货币基金,你可以根据需求购买。如下图所示。

第二步:点击你想购买的理财产品,即可查看相应理财产品的详情。如下图所示。

第三步：了解详情后，点击"购买"按钮。设置交易密码，点击"完成"按钮。如下图所示。

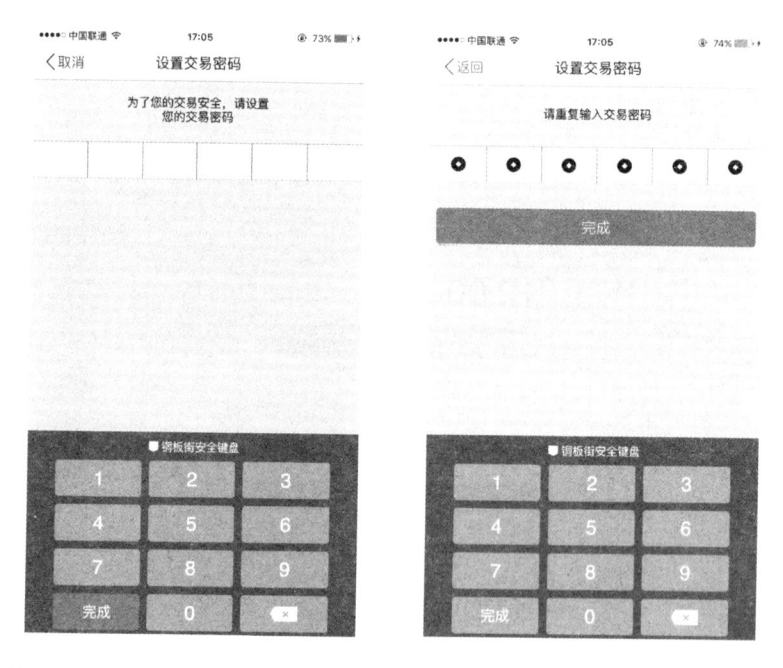

第四步：回到"购买"界面，点击"购买"按钮。输入购买金额，点击"提交"按钮。如下图所示。

第五步：输入银行卡号，点击"确定"按钮。

第六步：确认订单信息，输入交易密码，即可完成理财产品的申购。如下图所示。

需要注意的是：绑定的银行卡中需要有大于购买理财产品金额的钱才能扣款成功。

■ 铜板街的理财风险

虽然说铜板街手机理财APP一直秉承安全理念，不断强化风控体系建设。但是由于它是通过姓名、身份证、银行卡、手机号等个人信息来实现认证的，所以有被网络攻击的风险。主要表现在以下三个方面。

受到恶意复制、篡改和毁坏	盗用身份信息	盗取资料
容易受到"黑客"或其他不良分子的攻击。手机硬件还容易被人为或自然灾害等外力破坏，软件和数据信息可能会被恶意复制、篡改和毁坏	不法分子盗用身份信息，实施诈骗或其他非法活动	针对普通客户的木马程序、密码记录程序等，通过盗取用户资料而直接威胁资金的安全

值得庆幸的是，铜板街为保证用户的资金安全，与平安保险公司达成合作。一旦出现账户资金被盗等情况，平安保险将全额承保，100%赔付，赔付金额无上限。

2.3 挖财——功能最全的记账APP

记账是一种很好的理财习惯。通过记好每一笔账，可以不断地改进、调整日常的消费习惯。能及时制止自己不合理的消费，达到合理利用每一分钱的目的。

随着移动网络和智能手机的发展，无论是Android还是iPhone手机，不少程序开发者开始将记账作为研发的方向。挖财手机理财APP就是在这样的情况下应运而生的。

如今，如果你想记账，只需拿出手机，点开"挖财"APP，即可将每一笔支出都一一入账。

挖财是目前市面上功能最全的手机记账APP之一，并且可将你在手机上所记的账目上传至网站永久保存。具体来说，挖财手机APP有五大作用。

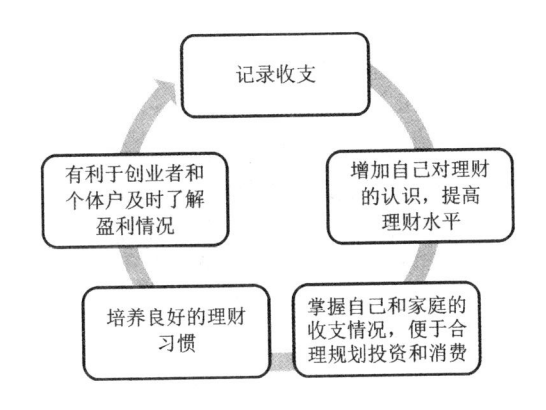

```
          记录收支
有利于创业者和        增加自己对理财
个体户及时了解        的认识,提高
盈利情况             理财水平

   培养良好的理财     掌握自己和家庭的
      习惯          收支情况,便于合
                   理规划投资和消费
```

■ 如何添加银行卡

由于记录收入、支出的时候可将你的银行卡作为账户,为了更好地反映你的财务状况,你最好将自己的银行卡信息先行保存至自己的资料中。特别是银行卡较多的用户,使用挖财手机APP记录银行卡的收支更为方便。

添加银行卡的具体步骤如下所述。

第一步:在App Store里搜索"挖财",点击"获取"按钮,下载到手机里。如下图所示。

第二步：在挖财主界面点击下方的"账户"按钮，进入"账户"界面。如下图所示。

第三步：在"账户"界面，点击"添加银行卡"，你可以选择现金、信用卡、储蓄卡、投资账户、储值卡、网络账户、虚拟账户等。如下图所示。

每种卡的操作步骤都大致相似,这里以添加储蓄卡为例。

第四步:点击"储蓄卡",进入"添加储蓄卡"界面。如下图所示。

第五步:输入发卡行、卡号、币种等项目,点击"保存"按钮,银行卡添加成功。如下图所示。

■ 如何记录支出

挖财APP记录支出的操作步骤如下所述。

第一步：打开挖财APP，进入挖财主界面，点击"记一笔"按钮。进入"日常账本"界面。如下图所示。

第二步：点击"金额"，输入支出金额，点击"确定"。如下图所示。

第三步：在"支出"界面点击"类别"按钮，选择支出的类别。如下图所示。

第四步：在"支出"界面点击"现金"按钮，选择支出的账户。如下图所示。

第五步：在"支出"界面点击"时间"按钮选择支出时间。如下图所示。

第六步：在"支出"界面点击"自己"按钮，选择支出涉及的成员。如下图所示。

第七步：你还可以添加备注、选择该支出项目能否报销等，确认记录信息无误后，点击"保存"按钮即可保存支出。如下图所示。

第2章 手机理财类APP

■ 如何记录收入

记录收入与记录支出的步骤很相似。具体操作步骤如下所述。

第一步：在挖财主界面，点击"记一笔"按钮，进入"日常账本"界面。然后点击"收入"。如下图所示。

第二步：点击"金额"，输入金额，点击"确定"按钮。如下图所示。

第三步：点击"工资薪水"，选类收入类别。如下图所示。

第四步：点击"现金"按钮，选择收入的账户。如下图所示。

第五步：选择时间、成员、有无付款方等，点击"保存"按钮。如下图所示。

在实际操作中，你只需填写支出金额和类别即可。通常，消费的成员都是自己，使用的账户大多为现金，其项目也大多为日常类型，你无需更改这些信息。

■ 如何对账、查账

如果只是记录支出与收入，却不查账，那与不记账没有什么区别。你至少应该每月进行一次对账、查账工作。

对账、查账的操作步骤如下所述。

第一步：在挖财的主界面的下方点击"明细"按钮，进入"明细"界面。如下图所示。

第二步：在"明细"界面，你可以查看收支明细。点击任意明细，可以查看详情。如下图所示。

第2章 手机理财类APP

第三步：在挖财的主界面的下方点击"报表"按钮，进入"报表"界面，你可以查看收支报表。如下图所示。

第四步：点击界面上方"报表主题"，可以选择相关的主题。如下图所示。

第五步：在挖财的主界面的下方点击"账户"按钮，可以查看账户的详情。如下图所示。

你可以通过对账、查账，了解自己的资金收支与记录是否一致。若有出入，可尽早发现问题所在。

■ 如何购买理财产品

挖财上的理财产品很丰富，已上架了多款货币基金产品。从2013年12月开始，挖财推出了准入门槛更高的P2P贷款产品，起购金额是3万元。

那么，如何购买挖财的理财产品呢？其操作步骤如下所述。

第一步：在挖财的主界面的下方点击"理财"按钮，进入"理财"界面。

第二步：在"理财推荐"界面，查看推出的各种理财产品，选择自己感兴趣的点击一下，即可查看详情。如下图所示。

第三步：点击下方的"立即申购"按钮，进入"申购支付"界面，输入购买金额，点击"确认申购"按钮。如下图所示。

第四步：输入真实姓名、身份证号、验证码，点击"确认"按钮。如下图所示。

第五步：设置交易密码，购买成功。

其实，挖财APP的理财功能远远不止上述这几个方面，它还支持语音记账、制作预算、理财规划等功能。你可以根据自己的需求或喜好使用这些功能。

理财提醒：

除了"挖财"以外，比较主流的记账手机APP还有"91记账"和"随手记"等。

2.4　51信用卡管家——强大的信用卡管理神器

"超前消费"已经成为许多人的消费方式。信用卡就是实现这一方式的重要途径，而信用卡的管理是这种消费方式能否持续的关键。

51信用卡管家是一款具有管理信用卡功能的手机理财APP，被誉为"史上最强大的信用卡管理神器"。

51信用卡管家有五大理财功能，如下图所示。

第2章 手机理财类APP

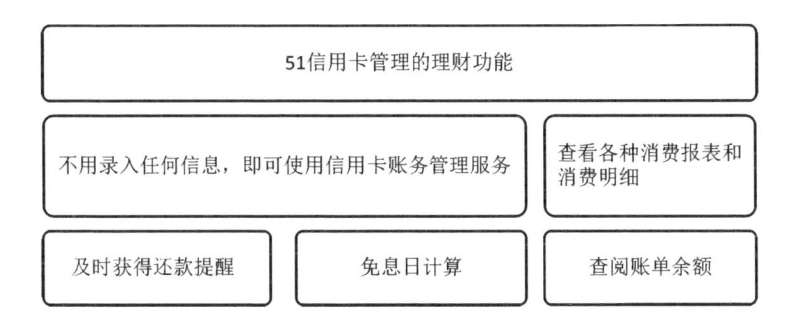

```
┌─────────────────────────────────────────┐
│         51信用卡管理的理财功能              │
└─────────────────────────────────────────┘

┌──────────────────────────────┐  ┌──────────────────┐
│ 不用录入任何信息，即可使用信用卡 │  │ 查看各种消费报表和 │
│ 账务管理服务                    │  │ 消费明细          │
└──────────────────────────────┘  └──────────────────┘

┌──────────────────┐  ┌──────────────────┐  ┌──────────────────┐
│ 及时获得还款提醒  │  │ 免息日计算        │  │ 查阅账单余额      │
└──────────────────┘  └──────────────────┘  └──────────────────┘
```

目前，51信用卡管家可支持17家银行，即工商银行、农业银行、中国银行、建设银行、招商银行、交通银行、杭州银行、广发银行、中信银行、兴业银行、浦发银行、民生银行、光大银行、华夏银行、邮储银行、平安银行、宁波银行等。

■ 安装注册51信用卡管家

安装注册51信用卡管家的操作步骤如下所述。

第一步：在App Store搜索"51信用卡管家"，点击"获取"按钮，下载到自己的手机里。如下图所示。

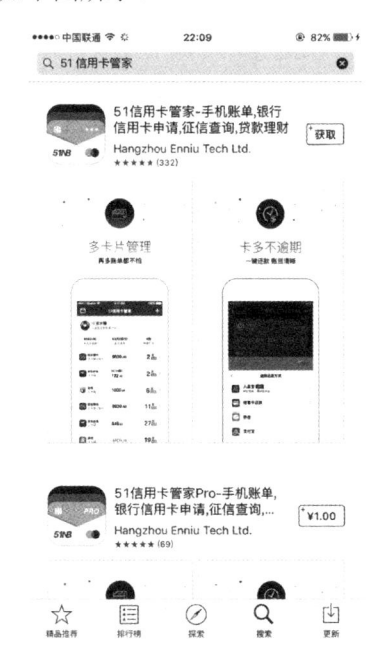

第二步：打开51信用卡管家APP，点击"注册"按钮。如下图所示。

注册有奖

15元还款红包
万元理财金红包

第三步：输入手机号和短信验证码，点击"下一步"按钮。如下图所示。

第四步：输入6～16位数字或字母的密码，点击"完成"。

第五步：注册成功，进入主界面。如下图所示。

- 如何导入邮箱账单

51信用卡管家最大的特点就是：一键绑定邮箱，自动解析电子账单，便可轻松理财。另外，51信用卡管家支持所有邮箱和全国20多个银行的信用卡电子账单。只要你绑定信用卡账单的邮箱或者开启自动识别短信账单开关，即可享受管理账单、算免息期、查找优惠、还款日提醒、支付宝快捷还款、在线办卡等服务，一键管理信用卡。

导入邮箱账单的具体操作步骤如下所述。

第一步：在51信用卡的主界面，点击"添加卡片"按钮。如下图所示。

第二步：在"导入账单"界面，点击"邮箱导入"按钮。

第三步：在"添加邮箱"界面，选择你要导入的邮箱地址，输入用户名、密码，点击"登录"按钮。

第四步：系统自动完成导入邮箱。

第2章 手机理财类APP

■ 如何在线还款

在51信用卡管家APP里，你可以通过手机支付宝钱包，在51信用卡管家中进行"一键还款"，分分钟完成信用卡还款。

在线还款的操作步骤如下所述。

第一步：在51信用卡的主界面，点击"添加卡片"按钮，进入"导入账单"页面，点击"网银导入"。如下图所示。

043

第二步：选择发卡银行，输入银行卡相关信息，包括卡号和查询密码，点击"提交"按钮。如下图所示。

第三步：在51信用卡管家主界面点击所需还款的银行卡，在该银行卡账单界面点击"一键还款"按钮，进入还款界面。

第四步：点击"未还款"按钮，进入"支付宝还款"界面。点击"提交申请"按钮，即可跳转至支付宝界面，使用支付宝进行还款。

第五步：在"支付宝还款"界面点击"利息估算"按钮，即可查看该信用卡还款的利息。

■ 如何迅速掌握信用卡优惠信息

经常使用信用卡的人，能够享受一些银行给的优惠。比如，凭××信用卡打5折享美食、住酒店、加油等，以及分期付款、积分礼品、机场贵宾服务、免费看电影、打高尔夫和体检等。

如果你还不知道使用信用卡有这些优惠，那么，51信用卡管家可以帮你迅速掌握你的信用卡优惠信息。其操作步骤如下所述。

第2章 手机理财类APP

第一步：在51信用卡的主界面，点击下方的"服务"按钮。如下图所示。

第二步：点击"信用卡优惠"按钮，即可进入"信用卡优惠"界面，你可以查看大量的信用卡优惠信息。如下图所示。

第三步：点击右上方按钮，可以选择你的信用卡所在银行，查看具体的银行信用卡优惠信息。如下图所示。

51信用卡管家除了上述理财功能外，还有许多其他理财功能。比如在"服务"界面，还有办信用卡、我要提额、公积金、征信报告、违章查询、银行服务、贷款超市、新福利、人品贷、51人品等功能。如下图所示。

2.5 盈盈理财——保证本金安全，收益稳定

"盈盈理财"是一款适合普通大众群体使用的手机理财APP。盈盈理财APP有五大优势，如下图所示。

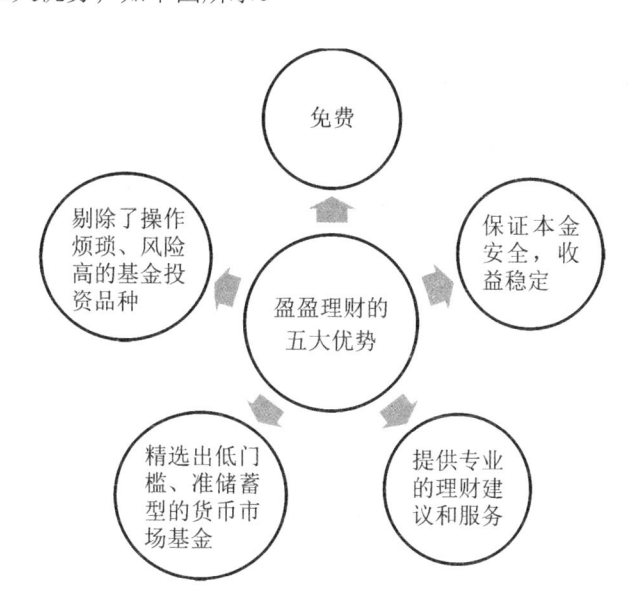

```
                    免费
                     ↑
    剔除了操作                    保证本金
    烦琐、风险                    安全，收
    高的基金投     盈盈理财的     益稳定
    资品种         五大优势
                    ↓      ↓
         精选出低门         提供专业
         槛、准储蓄         的理财建
         型的货币市         议和服务
         场基金
```

■ 安装注册盈盈理财APP

安装注册盈盈理财APP的操作步骤如下所述。

第一步：在App Store搜索"盈盈理财"，点击"获取"按钮，下载到自己的手机里。

第二步：打开"盈盈理财"APP，点击右下方的"我"按钮。点击"未登录"按钮，进入注册界面。如下图所示。

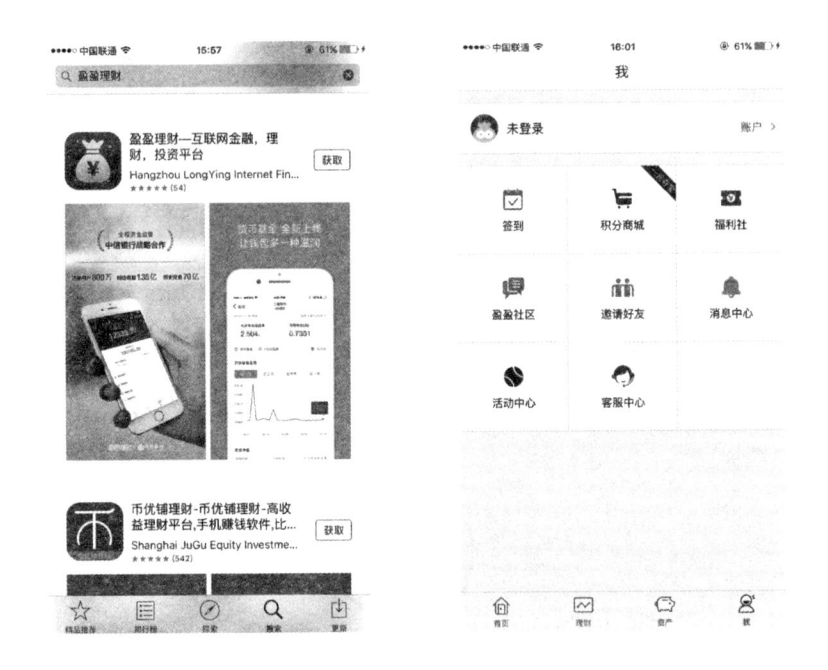

第三步：输入手机号码，勾选"已阅读并同意《盈盈理财用户使用协议》"，点击"下一步"按钮。如下图所示。

第四步：输入短信收到的验证码，点击"下一步"按钮。如下图所示。

第五步：点击"账户"界面里的"实名认证"按钮，输入真实姓名、身份证号，点击"确定"按钮。如下图所示。

第六步：进行银行卡管理，在"账户"界面点击"银行卡管理"按钮，选择你的银行卡，输入银行卡号，点击"确定"按钮，绑定银行卡成功。如下图所示。

第七步：接下来的注册设置你可以填写，也可以不填写。比如，地址管理、头像等，这里就不一一赘述。

■ 如何购买理财产品

在盈盈理财的"理财"界面，你可以查看各种理财产品。如下图所示。

当你查看好需要购买的理财产品后，即可开始申购理财产品，其具体步骤如下所述。

第一步：在"盈盈理财"的产品列表中选择好相应理财产品后，点击进入产品详情界面，点击"立即投资"按钮。如下图所示。

第二步：进入"投标"界面，输入投资金额，勾选"已经阅读并同意《债权转让协议》"，点击"下一步"按钮。如下图所示。

第三步：进入"选择银行卡"界面，点击银行卡所属银行。输入银行卡号，点击"确定"按钮。如下图所示。

第四步：进入"设置交易密码"界面，设置新的交易密码，并且记住你设置的新密码。输入两次密码，点击"完成"按钮。如下图所示。

第五步：进入"订单确认"界面，仔细查看自己投资的产品及金额，点击"确认提交"按钮，申购理财产品成功。如下图所示。

■ 如何查询账户资金

在盈盈理财手机APP上，你可以查询自己账户的资金状况。具体步骤如下所述。

第一步：在"盈盈理财"主界面，点击下方的"资产"按钮，即可查看账户总资产、账户余额、小银库等。

第二步：在"资产"界面，点击"我的理财"按钮，即可查看交易明细等信息。点击任意交易明细，即可查看该明细的交易详情。

■ 如何卖出理财产品，实现收益

在盈盈理财手机APP，你可以随时将自己购买的理财产品卖出，实现收益。其操作步骤如下图所示。

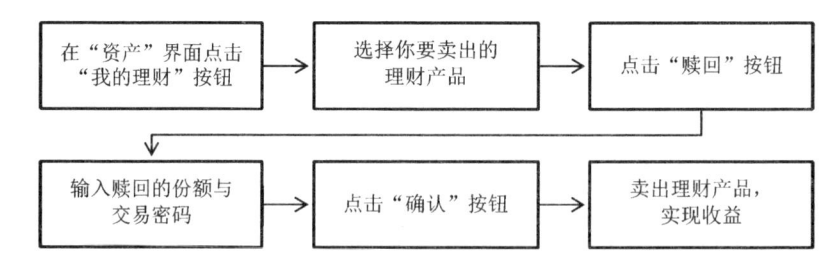

```
在"资产"界面点击        选择你要卖出的         点击"赎回"按钮
"我的理财"按钮    →      理财产品         →
        ↓
输入赎回的份额与         点击"确认"按钮         卖出理财产品，
交易密码          →                    →    实现收益
```

2.6 如何防范手机理财类APP的风险

如今，只要你打开App Store，搜索"理财"，就会出现太多的理财类APP供你选择。在使用这些理财类APP时要注意防范风险。毕竟，目前智能手机的风险漏洞有很多，不法分子会乘机窃取信息和用户的资产，到头来理财不成反被窃。

所以，我们在使用手机理财类APP时，需要遵循以下几个原则。

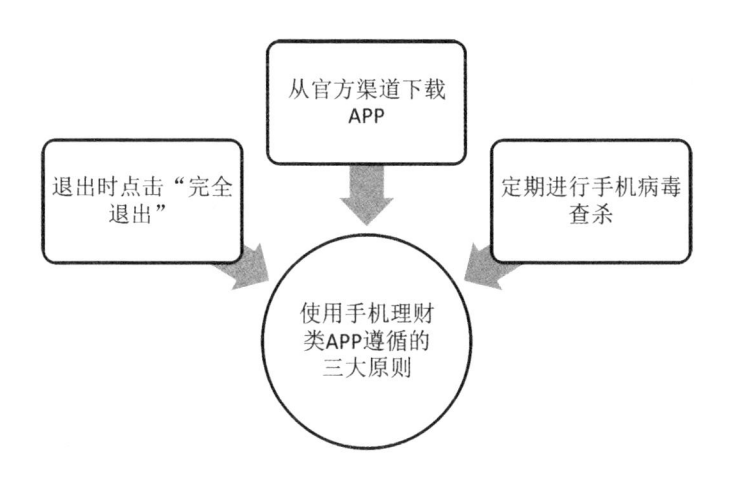

```
        ┌─────────────┐
        │ 从官方渠道下载 │
        │    APP      │
        └──────┬──────┘
               ↓
┌──────────┐        ┌──────────┐
│退出时点击"完全│→  ○  ←│定期进行手机病毒│
│   退出"   │  使用手机理财 │   查杀    │
└──────────┘  类APP遵循的  └──────────┘
              三大原则
```

■ 退出时点击"完全退出"

很多人使用软件时，都有这样一种坏习惯：直接按手机的Home键，而不是选择"完全退出"。

这样做，软件依旧在后台运行，这就给了一些不法分子钻漏洞的机会。通过社交软件，如微信、QQ等，他们可以潜入后台进行窃取、密码修改等相关犯罪活动。

所以，每次使用完理财类APP后，点击APP里的"完全退出"，这是使用智能手机必须养成的好习惯，也是防范资金被盗取的必要方法之一。

■ 从官方渠道下载APP

一款正规的APP，必然会有官方平台提供下载。为了避免下载到非法、山寨、盗版的软件，首推到官方渠道进行下载。

如果选择第三方应用平台进行下载,那么就要选择大品牌平台,诸如360、腾讯、百度、豌豆荚、安智市场等,这样才能够最大限度地保障用户安全。

■ 定期进行手机病毒查杀

手机病毒是智能手机最大的安全隐患。据不完全统计,每天都会有数百款病毒诞生。

所以,进行手机杀毒是我们经常需要做的事情。下载安全软件,定期进行手机查杀,才能避免手机感染病毒。最重要的是:我们要慎点那些来历不明的链接,不要下载存在风险的APP,努力做好防毒工作。

理财APP关乎着我们的资产安全,更应该对这类软件提高警惕,防范风险。

本章精彩导读

传统金融机构纷纷"触网"
注册手机银行APP
信息查询,简单便捷
办理银行业务
轻松完成理财

第3章 手机银行APP,手机里的私人银行

随着移动互联网时代的到来,手机银行成为人们最常用的APP之一。只要有部智能手机,动动手指,就能随时查询资金的去向;点下屏幕,就能免去到柜台网点交水电费的苦恼;无需出门,就能买到价格更"优惠"的理财产品……

银行APP向你提供账户管理、转账汇款、个人贷款、生活缴费、炒股、买保险、买基金、炒外汇、投资贵金属、买国债等各类理财服务,是你手机里的私人银行。

3.1 传统金融机构纷纷"触网"

21世纪是以移动互联网为代表的信息技术高速发展的时代,为了抢占市场,传统金融机构在近两年迅速崛起,纷纷开始"触网"。从传统的"银行网点→柜台"业务模式,向"网上银行→鼠标→拇指"的新格局演变。

随着智能手机的普及,手机银行APP正成为传统金融机构的"新宠"。现在,不管你处于何地,都可以随时利用手机,进行电子银行业务。在一款仅需数分钟便可下载完成的银行APP里,我们可以体验到多种服务和功能。

■ 手机银行APP的功能

在一款手机银行APP里,不仅有银行自身所具有的理财与投资功能,也有城市公交卡、全国话费充值、生活水电缴费等与我们的日常生活息息相关的应用功能。

下面,让我们分别来看看它们的主要功能。

手机银行APP的主要功能

手机银行APP主要功能	分类功能
账户管理	余额查询
	明细查询
	追加账户管理
	账户挂失管理

续表

手机银行APP主要功能	分类功能
转账汇款	行内转账
	跨行转账
	收款人名册
	转账结果
支付缴费	缴费一卡通
	实时缴费
	第三方账户管理
信用卡管理	账户查询、账单查询
	行内还款
	转账提现、分期付款、积分查询
储蓄业务	转存
	支取
理财产品管理	个人理财产品管理
	在售理财产品管理
汇率、利率	汇率查询、利率查询
基金投资	基金开户、购买、赎回
	资料变更
	交易查询、撤单
自助贷款	贷款发放、归还
	额度查询
客户服务	查询、修改密码
	设置登录名
	设置支付密码
	设置账户变动提醒
	设置防伪验证码

相比起要去银行网点取号排队办理业务，手机银行APP可以最大程度地节约用户的时间，提高便捷度。

当你通过手机登录个人账号，仅仅依靠拇指滑动，便可办理自己所需要的银行业务与理财。既减少了排队所产生的焦躁感，又可以将办理时间从以往数小时减少至区区几分钟。何乐而不为呢？

下表是笔者整理的几家主要手机银行APP应用的功能和特点，供你选择和使用。

银行名称	功能	特点
招商银行	涵盖了招行一卡通和信用卡的常用金融功能，包括购汇、结汇。而且还有一些特色的功能，包括向他人转账汇款、日程短信邮件提醒、基金净值短信提醒以及手机记账等	只要填写收款人手机号码即可转账。在涉及用户资金安全的交易中，还增加了短信验证码验证用户身份的环节，多重机制保障资金安全。转账汇款目前的额度是5万元
中国银行	除了账单查询等基本的功能之外，还可以对信用卡的已出账单进行分期，查询卡内的积分余额、到期日、兑换明细等，并可直接在中国银行积分商场挑选兑换商品	提供一些附加的服务。例如，可以帮家人或朋友充手机话费，部分运营商还有额外折扣；能够帮助用户搜索全国各地中国银行优惠商户网点的信息等
建设银行	除了转账汇款、缴费支付、投资理财、账户管理、信用卡、手机充值、网点地图等常用功能，还向广大客户提供影票在线、机票预订、大智慧、存贷款计算器、建行商城、二维码消费卡等便捷生活服务功能	采用数据全程加密、密码超限保护、登录超时控制等机制，并通过用户信息绑定、短信验证等多种安全措施，为用户的资金交易保驾护航
工商银行	账户管理、转账汇款、在线缴费、个人贷款、基金买卖、外汇交易、贵金属投资、网点查询等多项金融功能	配备工银电子密码器或口令卡，使用安全、流畅、便捷
交通银行	查询、转账、基金、证券、外汇、理财等传统的网银服务功能，以及手机地图查询、机票服务、手机充值服务、金融资讯等非传统的金融服务功能	"e动交行"最大的特点是同时支持WAP和APP客户端两种使用模式，克服了手机应用难以覆盖所有手机型号的问题，用户可以任意选择适合自己手机型号的使用方式

■ 手机银行APP的特点

手机银行APP作为一种新的银行服务渠道，在网上银行全网互联和数据高速交换等优势的基础上，真正实现了"任何时间、任何地点"都可以办理银行业务，使之成为一种更加便利、快捷的理财方式。

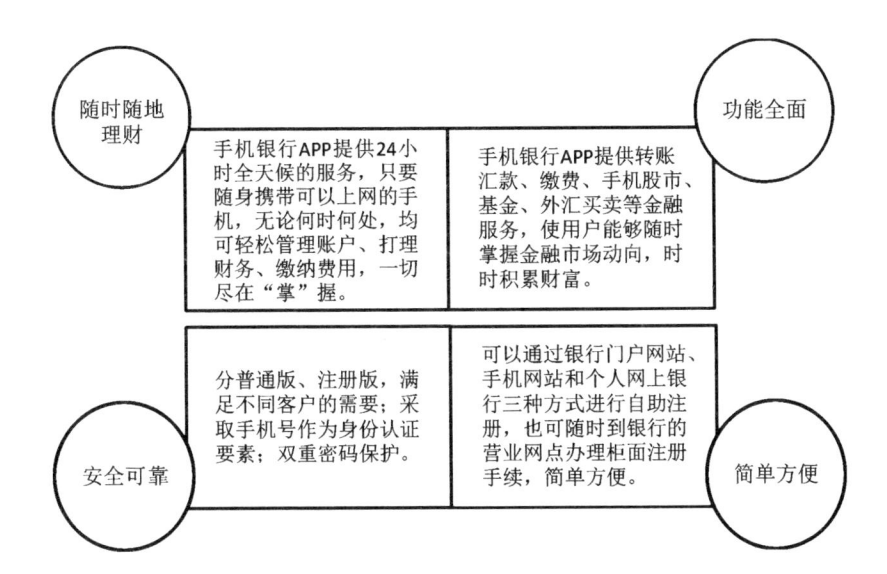

第3章 手机银行APP，手机里的私人银行

随时随地理财：手机银行APP提供24小时全天候的服务，只要随身携带可以上网的手机，无论何时何处，均可轻松管理账户、打理财务、缴纳费用，一切尽在"掌"握。

功能全面：手机银行APP提供转账汇款、缴费、手机股市、基金、外汇买卖等金融服务，使用户能够随时掌握金融市场动向，时时积累财富。

安全可靠：分普通版、注册版，满足不同客户的需要；采取手机号作为身份认证要素；双重密码保护。

简单方便：可以通过银行门户网站、手机网站和个人网上银行三种方式进行自助注册，也可随时到银行的营业网点办理柜面注册手续，简单方便。

3.2 注册手机银行APP

移动互联网越来越发达，手机也越来越实用。注册手机银行可以更方便你的日常生活，让你时时查看资金的去向。

通常而言，注册手机银行主要有以下三种方式。

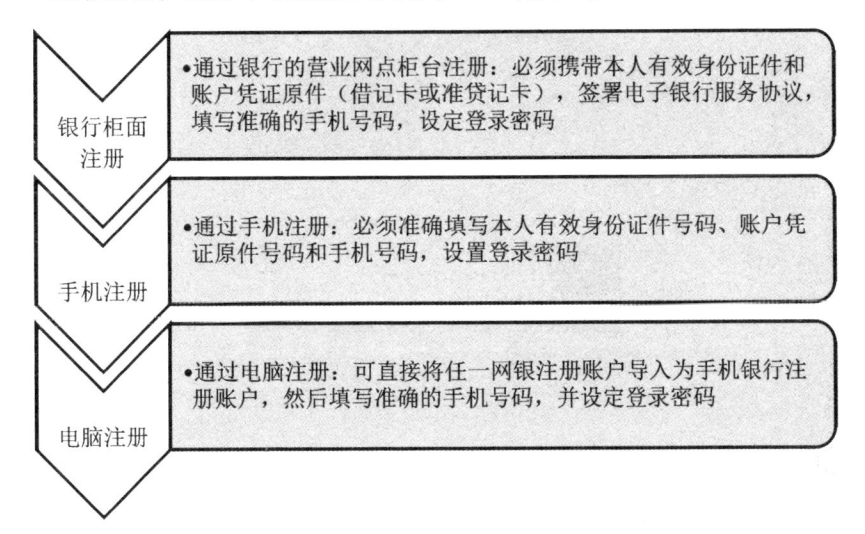

银行柜面注册：通过银行的营业网点柜台注册：必须携带本人有效身份证件和账户凭证原件（借记卡或准贷记卡），签署电子银行服务协议，填写准确的手机号码，设定登录密码

手机注册：通过手机注册：必须准确填写本人有效身份证件号码、账户凭证原件号码和手机号码，设置登录密码

电脑注册：通过电脑注册：可直接将任一网银注册账户导入为手机银行注册账户，然后填写准确的手机号码，并设定登录密码

■ 手机注册

下面以建设银行的手机银行APP为例,为你讲解如何注册手机银行APP。

第一步:你要先到相关银行的营业厅办理"手机银行"业务,获得"手机银行"的账号和密码。

第二步:在手机的App Store里搜索"建设银行",就会找到"建设银行"的手机银行APP,点击"下载",就可下载到手机里。如下图所示。

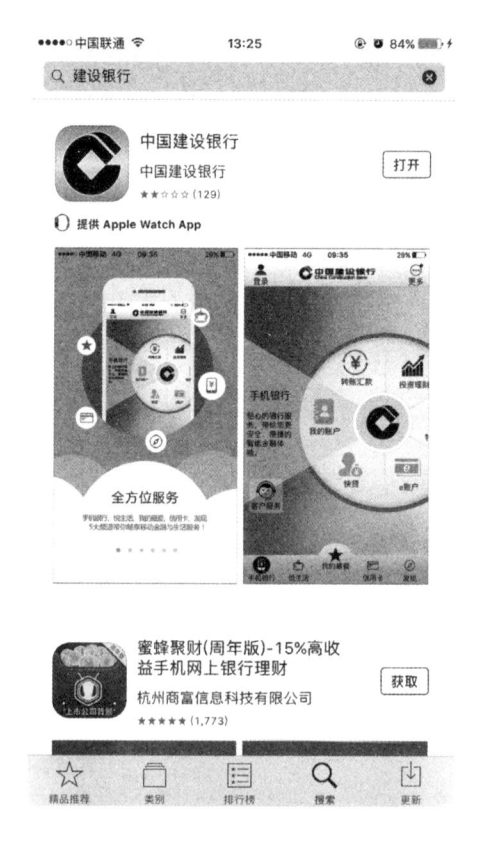

第三步:打开"建设银行"APP,点击界面左上方"登录"按钮,进入"登录"界面,再点击"开通"按钮。如下图所示。

第3章 手机银行APP，手机里的私人银行

第四步：输入注册信息，包括客户姓名、银行账号和开通手机银行预留的电话号码后四位数和附加码，输入完毕后点击"下一步"按钮。如下图所示。

第五步：执行上述操作后，系统会发送短信至刚刚填写的手机号码，输入短信验证码和账户密码，并点击"下一步"按钮。如下图所示。

063

第六步：系统提示注册成功，此时你可以直接登录手机银行。如下图所示。

第七步：登录手机银行时，需要填写手机号码、授权码和登录密码。填写授权码时，点击"点击获取"按钮，会跳转至手机短信界面，发送88#88至95533，你就会收到一条验证码，输入验证码，就进入到手机银行。如下图所示。

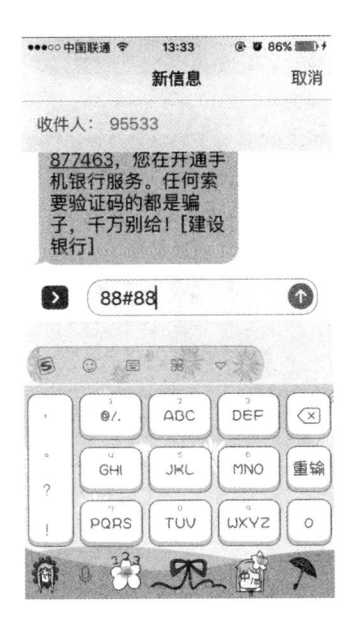

■ 电脑注册

在电脑上开通网上银行，可直接将任一网银注册账户导入为手机银行的注册账户，然后填写手机号码，并设定登录密码，即可自助开通手机银行服务。

例如，建设银行用户可登录中国建设银行官方网站（http://www.ccb.com），登录个人网上银行，按照提示填写相关信息即可完成注册。如下图所示。

在电脑端注册手机银行的流程如下图所示。

```
登录建设银行官网 → 点击左上角"个人网上银行"登录 → 点击"马上开通"按钮
         ↓
点击"普通客户"按钮 → 阅读"中国建设银行电子银行个人客户服务协议",点击"同意"按钮 → 填写账户信息,包括姓名、建账号、附加码
         ↓
输入手机收到的短信验证码 → 确认网上银行基本信息,点击"确认"按钮 → 注册成功
```

在电脑端注册成功后,拿出手机,进入建设银行手机银行APP,填写验证码后直接可以登录,不需要再次注册。

■ 银行柜面注册

除了手机和电脑注册,你还可以到银行柜面注册手机银行。到银行的营业网点柜台办理该业务的客户，必须携带本人有效身份证件和账户凭证原件（借记卡或准贷记卡），签署电子银行服务协议，填写手机号码，设定登录密码，即可开通手机银行服务。

开通以后，你可以在银行工作人员的指导下，下载安装手机银行客户端，或者按照以上所述自行安装注册手机银行。

■ 注册手机银行APP注意事项

不管是手机注册、电脑注册还是银行柜面注册，在注册手机银行APP时，都应该注意以下几个事项。

设置密码时须注意初始密码，不同的银行有不同的要求	如果你注册的是信用卡，需要填写卡片有效期
一个手机号、身份证号只能注册一个账号	身份证号码必须和办理银行卡的身份证号码一致

3.3 信息查询，简单便捷

管理银行账户，也就是对"财"的管理。用手机银行APP，可以24小时随时随地对自己的"钱财"进行查询，不但省时省心，还免去了跑柜台的麻烦。

那么，如何利用手机银行APP进行信息查询呢？换句话说，利用手机银行APP可以查询哪些信息呢？

■ 随时随地查询银行账户信息

使用手机银行APP可以随时随地查询银行账户信息，不仅节省时间，而且还能节省相应的服务费用。

下面将以工商银行的手机银行APP为例，告诉你如何使用手机银行APP查询账户信息。

（1）账户余额查询

查看账户余额的操作步骤如下所述。

第一步：登录工商银行手机银行，在主界面点击"我的账户"按钮。如下图所示。

第二步：在"我的账户"界面，输入账户信息和登录密码，点击"登录"按钮。如下图所示。

第3章 手机银行APP，手机里的私人银行

第三步：进入"注册账户列表"界面，点击相应银行卡账户。如下图所示。

第四步：进入"账户详情"界面，即可看到"人民币余额"和"人民币可用余额"。如下图所示。

(2) 交易明细查询

在"账户详情"界面,点击"查询明细"按钮即可查看交易明细。如下图所示。

(3) 电子工资单查询

若你的单位是将工资发放到你的银行卡,且提供电子工资单服务,那么,你可以使用手机银行APP查询。其具体操作步骤如下所述。

第一步：进入"我的账户"界面，点击"电子工资单"按钮。

第二步：在"电子工资单"界面，设置相应的开始日期和截止日期，点击"确定"按钮即可查询电子工资单。

(4) 收付款账单查询

查询收付款账单时，收款业务需要先去银行柜台开通后才能使用，付款业务可以直接查询。其具体流程如下图所示。

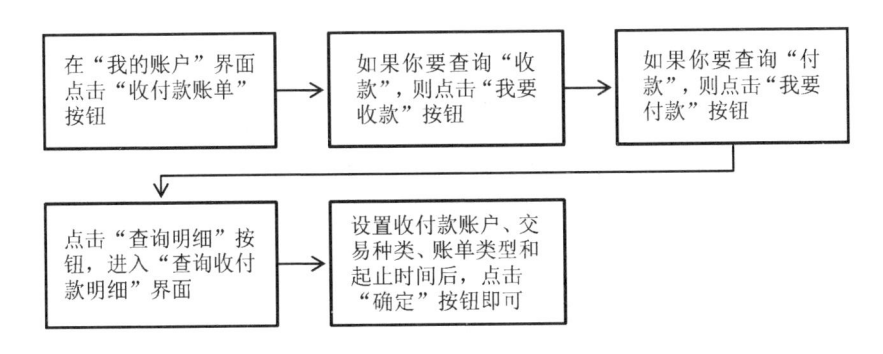

```
在"我的账户"界面      如果你要查询"收         如果你要查询"付
点击"收付款账单" →    款"，则点击"我要  →    款"，则点击"我要
按钮                 收款"按钮               付款"按钮
       ↓
点击"查询明细"按       设置收付款账户、交
钮，进入"查询收付 →   易种类、账单类型和
款明细"界面            起止时间后，点击
                     "确定"按钮即可
```

除了可以查询以上四个账户信息外，你还可以使用手机银行APP对银行卡账户的积分、住房公积金等信息进行查询。

目前，对于普通的银行卡来说，许多功能都是未开通的，需要你到银行柜台去开通后才能使用。但基本账户信息查询是不需要另外开通的，你只需要利用手机银行APP按照上述步骤操作，便可查看你的账户信息，随时随地管理你的财富。

■ 及时获知账户的动态信息

使用手机银行APP，除了可以随时随地查询银行账户信息和管理信息安全外，还能及时获知自己银行卡余额变动、对账单、业务处理、登录信息等。甚至还可以定制一些需要的财经信息、基金信息、股票信息、理财产品信息以及账务信息等。

下面以工商银行手机银行为例，为你详解如何获知账户的动态信息。

(1)余额变动信息

银行卡内余额变动信息是最常用的提醒功能,也是最实用的功能之一,其开通步骤如下所述。

第一步:在工商银行手机银行的主界面,点击"工银信使"按钮。如下图所示。

第二步:在"工银信使"界面,选择要定制的卡号,点击"下一步"按钮。如下图所示。

第三步：在"定制余额变动提醒"界面，选择接收方式，一般选择为"短信"，点击"下一步"按钮。如下图所示。

第四步：确认付费金额，工商银行手机银行信使服务费为每月2元。点击"确定"按钮，便可完成余额变动提醒的开通。如下图所示。

（2）查询汇款明细

你可以使用手机银行APP随时查询自己的汇款记录的明细。

例如，在工商银行手机银行APP应用的"转账汇款"界面点击"查询汇款明细"按钮，设置好"汇款类型""交易种类"以及"查询时段"选项后，点击"确定"按钮，即可查看所选时段的所有汇款明细，点击任意明细即可查看详情。如下图所示。

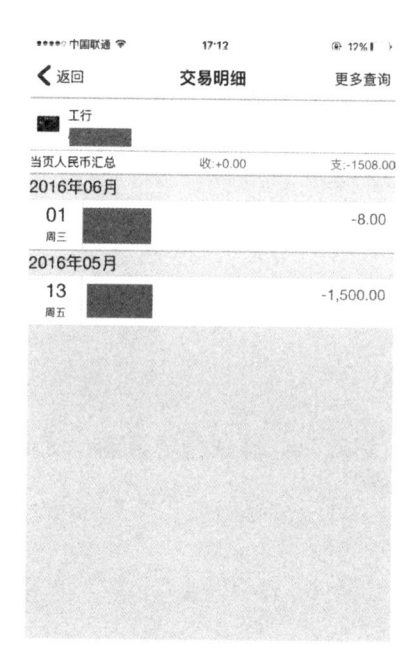

（3）业务处理提醒

你可以通过手机银行，免费开通"业务处理提醒"服务，银行会及时通知用户开销户、挂失及密码设置与修改等信息。其开通步骤如下图所示。

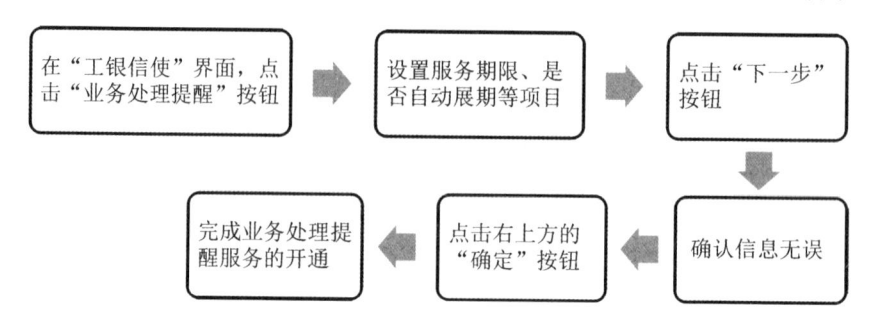

(4) 对账单服务

你可以通过手机银行免费开通对账单服务，银行会每月将月账单和总体财务状况表发送至你的邮箱。其开通步骤如下图所示。

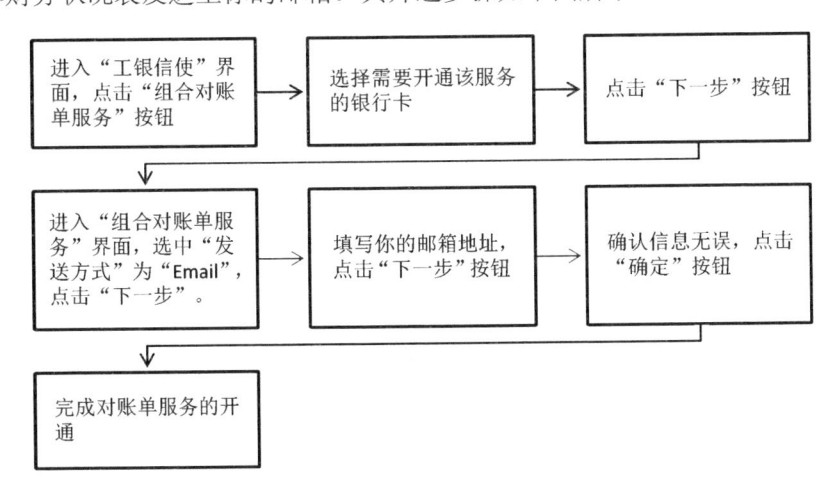

```
进入"工银信使"界        选择需要开通该服务      点击"下一步"按钮
面，点击"组合对账    →   的银行卡             →
单服务"按钮
                                                    ↓
进入"组合对账单服        填写你的邮箱地址，      确认信息无误，点击
务"界面，选中"发    ←   点击"下一步"按钮    ←   "确定"按钮
送方式"为"Email"，
点击"下一步"。
    ↓
完成对账单服务的开
通
```

开通对账单服务后，还应注意以下三点。

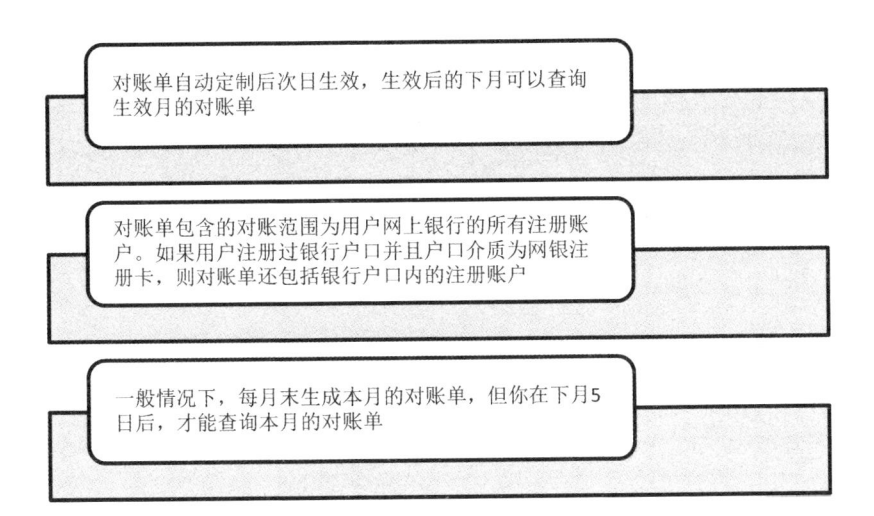

- 对账单自动定制后次日生效，生效后的下月可以查询生效月的对账单

- 对账单包含的对账范围为用户网上银行的所有注册账户。如果用户注册过银行户口并且户口介质为网银注册卡，则对账单还包括银行户口内的注册账户

- 一般情况下，每月末生成本月的对账单，但你在下月5日后，才能查询本月的对账单

(5) 个人网银登录提醒

你可以通过手机银行免费开通个人网银登录提醒服务。开通以后，银行会以短信的形式，提示你登录网银的时间等信息。其开通步骤如下所述。

第一步：在"工银信使"界面，点击"如需定制其它信使，请点击"。如下图所示。

第二步：点击"个人网银登录提醒"按钮，会出现收费标准、缴费账号选项，确认信息无误后，点击"下一步"。如下图所示。

第三步：确认信息无误，点击"确定"，即可完成个人网银登录提醒的开通。

(6) 手机银行登录提醒

手机银行登录提醒的开通步骤如下所述。

第一步：在"工银信使"界面，点击"如需定制其它信使，请点击"。如下图所示。

第二步：点击"手机银行登录提醒"按钮，会出现收费标准、缴费账号选项，点击"下一步"。确认信息无误后，点击"确定"按钮，即可完成手机银行登录提醒的开通。如下图所示。

■ 方便快捷地管理信息安全

一旦不慎遗失自己的银行卡，你可以立刻用手机银行APP进行密码更改、挂失，将损失降到最低。

下面以工商银行手机银行APP为例，详解如何使用手机进行信息安全管理。

（1）修改登录密码

通过手机银行APP客户端，用户可直接修改手机银行的登录密码。具体操作步骤如下所述。

第一步：在工商银行手机银行APP主界面点击"我的"按钮，进入"我的"界面。如下图所示。

第二步：在"我的"界面，点击"安全中心"，点击"修改登录密码"。如下图所示。

第3章　手机银行APP，手机里的私人银行

第三步：在"修改登录密码"界面，输入原登录密码、新登录密码、重复新登录密码等，点击"确定"按钮，即可完成登录密码的修改。如下图所示。

（2）修改支付密码

你可以用手机银行APP修改自己的支付密码。

需要注意的是：支付密码是用户注册手机银行时所设密码，并不是银行卡的6位数密码。

工商银行手机银行APP修改支付密码的具体步骤如下所述。

第一步：在工商银行手机银行APP主界面点击"我的"按钮，进入"我的"界面。如下图所示。

第二步：在"我的"界面，点击"安全中心"，点击"修改支付密码"。

第三步：在"修改支付密码"界面，输入原支付密码、新支付密码、重复新支付密码等，点击"确定"按钮，即可完成支付密码的修改。如下图所示。

(3) 管理交易权限

你可以使用手机银行APP关闭缴费、支付等功能，并设置银行卡交易额度。

交易权限设置更适合于家长对家庭成员的管理，如子女在外地读书时，设置交易限额可防止其胡乱花钱等行为，同时也能提升银行卡的安全性。

工商银行手机银行APP管理交易权限的具体操作步骤，如下图所示。

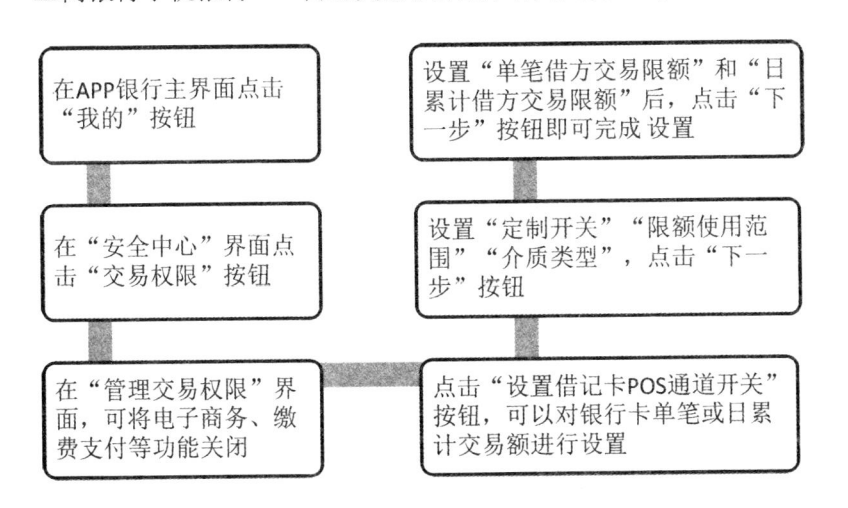

- 在APP银行主界面点击"我的"按钮
- 在"安全中心"界面点击"交易权限"按钮
- 在"管理交易权限"界面，可将电子商务、缴费支付等功能关闭
- 设置"单笔借方交易限额"和"日累计借方交易限额"后，点击"下一步"按钮即可完成设置
- 设置"定制开关""限额使用范围""介质类型"，点击"下一步"按钮
- 点击"设置借记卡POS通道开关"按钮，可以对银行卡单笔或日累计交易额进行设置

(4) 挂失账户

使用手机银行APP挂失银行卡，最能够体现出手机银行办理业务的快捷和高效。

工商银行手机银行挂失账户的步骤如下所述。

第一步：在工商银行手机银行APP的主界面，点击"我的账户"，在"我的账户"界面点击右上角的"更多"按钮。如下图所示。

第二步：在"账户管理"界面点击"账户挂失"按钮。如下图所示。

第三步：选择想要挂失的账户，点击"确定"按钮即可完成挂失。如下图所示。

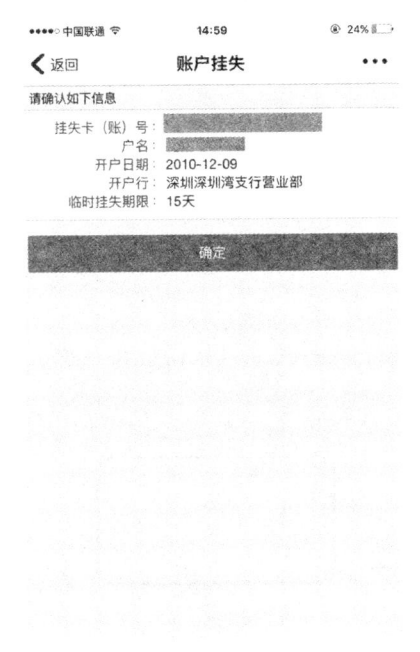

需要注意的是，用手机银行APP挂失账户只是临时挂失。你需要在15日内凭身份有效证件到银行柜台办理书面挂失。

3.4 办理银行业务

手机银行APP作为一种新型的银行服务方式，可以让你在任何时间、任何地点办理多种银行业务，为你的理财生活提供了便捷的通道。

综合目前手机银行APP，办理银行业务主要有几大类。分别为汇款、跨行汇款、无卡取款、无卡消费、生活缴费等。

下面以工商银行手机银行APP为例，告诉大家如何办理这些银行业务。

■ 汇款

说到银行业务，相信大多数人办理最多的就是汇款。相比在银行柜台办理汇款，使用手机银行APP汇款，会更迅速、便捷。

据悉，为了抢占手机银行APP这个巨大的市场，从2012年至今，中国农业银行、中国银行、交通银行、浦发银行等都推出了手机银行转账汇款手续费全免的活动。

使用手机银行APP汇款不仅可以获得优惠，而且汇款途径也非常多，主要有以下三种方式。

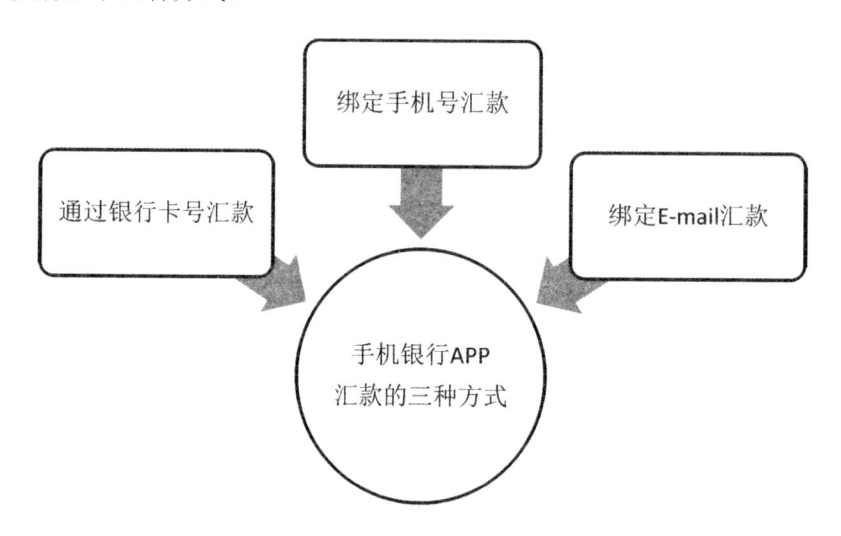

```
通过银行卡号汇款    绑定手机号汇款    绑定E-mail汇款
          ↘        ↓        ↙
            手机银行APP
            汇款的三种方式
```

下面以工商银行手机银行APP为例，介绍这三种汇款方式的操作步骤。

(1) 通过银行卡号汇款

你可以通过银行卡号，直接对工行本、异地账户进行汇款，其具体流程如下所述。

第一步：在工商银行手机银行APP的主界面点击"转账汇款"按钮。如下图所示。

第3章 手机银行APP，手机里的私人银行

第二步：进入"转账汇款"界面，点击"境内汇款"按钮。如下图所示。

第三步：填写收款姓名、收款卡号、收款银行、汇款金额等选项后，点击"下一步"按钮。如下图所示。

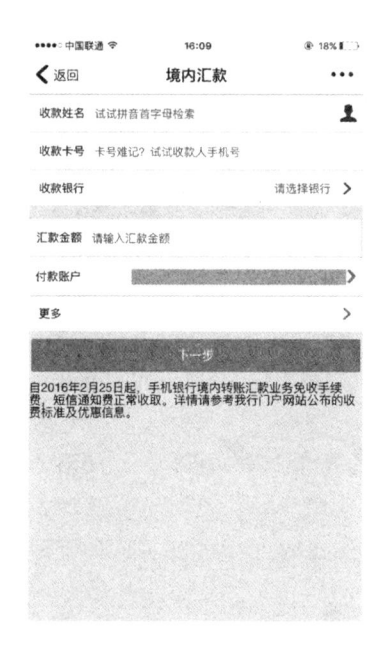

第四步：输入手机接收到的验证码，点击"确定"按钮。如下图所示。

完成汇款。如下图所示。

第3章　手机银行APP，手机里的私人银行

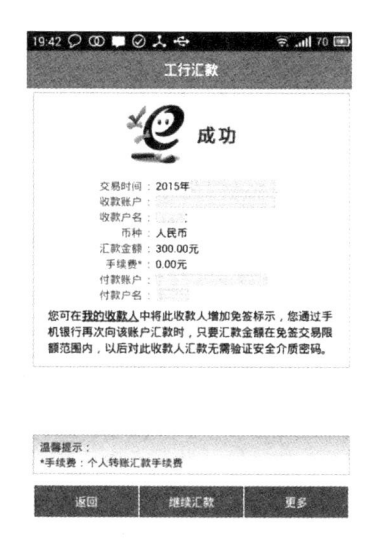

(2) 绑定手机号收款

你可以用手机号绑定收款业务，当汇款人通过手机银行APP给你汇款时，不需要输入冗长的收款账号，只需输入你的手机号码即可。其具体流程如下所述。

第一步：在工商银行手机银行APP主界面点击"转账汇款"按钮。在"转账汇款"界面点击"绑定手机号/Email收款"按钮。如下图所示。

087

第二步："绑定手机号收款"，选择要绑定的账户，输入绑定的手机号码，点击"下一步"按钮。设置完成后，银行将向绑定手机号发送验证短信。如下图所示。

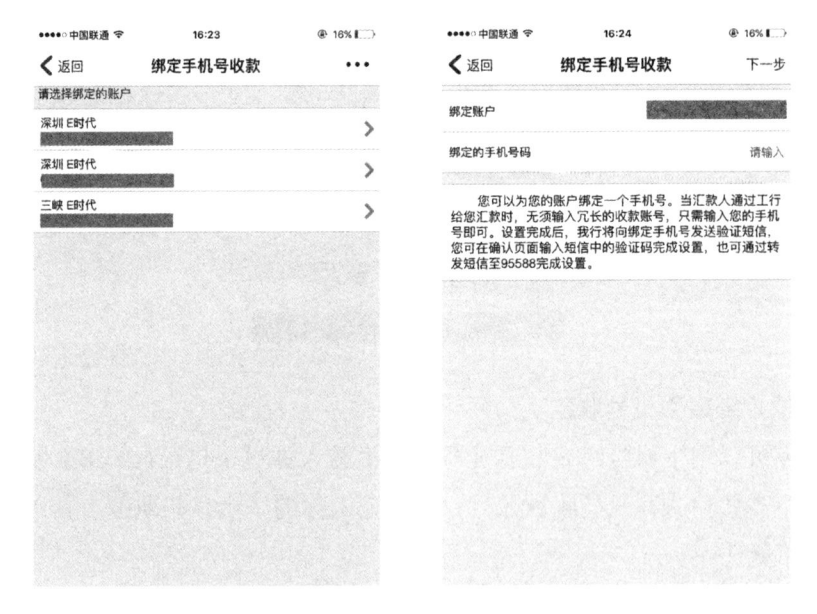

第三步：填写短信验证码后点击"确定"按钮，稍等片刻即可完成"绑定手机号收款"业务。如下图所示。

第四步：进入汇款方式界面，点击"手机号汇款"按钮，填写收款户名、手机号等信息后点击"下一步"按钮。你可参照前面通过银行卡号汇款的操作方式，完成后续汇款步骤，这里不再赘述。

(3) 绑定E-mail收款

你可以用E-mail绑定收款业务，以方便其他用户给自己汇款，其具体流程如下所述。

第一步：在工商银行手机银行APP主界面点击"转账汇款"按钮，进入"转账汇款"页面，点击"绑定手机号/Email收款"按钮。

第二步：进入"绑定手机号/Email收款"界面，点击"绑定Email收款"。如下图所示。

第三步：选择绑定的账户，输入绑定的E-mail，点击"下一步"按钮。如下图所示。

第四步：提示用户登录邮箱进行确认。如下图所示。

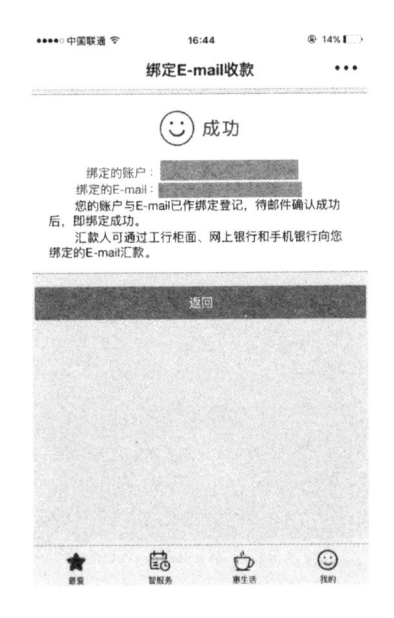

第五步：打开工商银行官网（http://www.icbc.com.cn/），依次点击"用户管理"→"手机号/E-mail与账号绑定确认"界面登录个人网银，填写账号、邮箱、验证码等信息后单击"确认"按钮。

第六步：完成以上步骤后，用户便可向已绑定E-mail收款的收款人进行汇款。按照前述方式进入汇款操作界面，点击"E-mail汇款"按钮。填写收款户名、E-mail等信息后点击"下一步"按钮。用户可参照通过银行卡号汇款的操作方式，完成后续汇款步骤，这里不再赘述。

■ 跨行汇款

你可以在手机银行APP上办理跨行汇款业务，其具体流程如下所述。

第一步：进入"转账汇款"界面，点击"境内汇款"按钮，进入境内汇款界面后，应先填写收款姓名、收款卡号、汇款金额等信息。如下图所示。

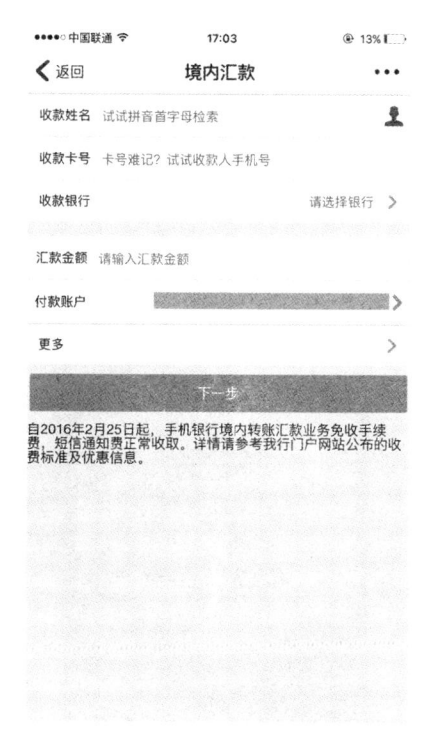

第二步：信息填写完成后，点击"收款银行"按钮，选择收款账户的银行。如下图所示。

第三步：在弹出选择查找方式的对话框，按需求选择查询"收款网点名称"方式。

第四步：返回"跨行汇款"界面，确认信息无误后点击"下一步"按钮。在确认汇款方式后点击"确定"按钮，再次确认信息无误，并根据页面提示在获取动态密码后，点击"确定"按钮。

第五步：输入动态密码后点击"确定"按钮，稍等片刻即可完成跨行汇款。如下图所示。

第3章　手机银行APP，手机里的私人银行

■ 无卡取款

无卡取款，顾名思义，就是不通过银行卡也可取钱，其办理程序比有卡取款多了一个步骤，它需要在手机上提前预约，并根据提示预留"预约码"、确定该预约的有效时间，输入取现金额和指定取款账号，并通过口令卡或动态密码等方式进行身份认证。

无卡取款，不仅可以让你在忘记携带银行卡的情况下进行取款，还可以为在远方急需现金的亲友提供便利的取款服务。例如，家长可通过这一功能给孩子汇学杂费、生活费等。目前，几乎所有银行都已开通无卡取款服务。

不过有人会认为："常有一些犯罪分子通过各种手段盗取客户密码，而致使自己的钱被取走的事情发生，有卡尚且能够被盗，那么仅凭手机预约码和密码等就能取款，肯定存在安全隐患，犯罪分子也容易钻空子。"

其实，ATM无卡取款的安全性还是比较高的。要想办理无卡取款，必须到银行柜台开通手机银行的注册客户才可使用，自助注册的则无法使用这一功能，这一点也主要是从安全性的角度来考虑的。另外，该业务还要进行多重认证，包括登录手机银行、银行卡卡号、登录密码等，而ATM交易需要交易密码，同时还要预约码。因此，无卡取款的安全性能相对较高，你完全可以放心地使用该方式取款。

无卡取款的操作流程如下所述。

第一步：进入工商银行手机银行APP主界面后，点击"我的账户"按钮，进入"我的账户"界面后，点击"无卡取现"按钮。如下图所示。

第二步：输入取现金额、预约码、预约有效期、手机号、预约卡号，点击"下一步"按钮。如下图所示。

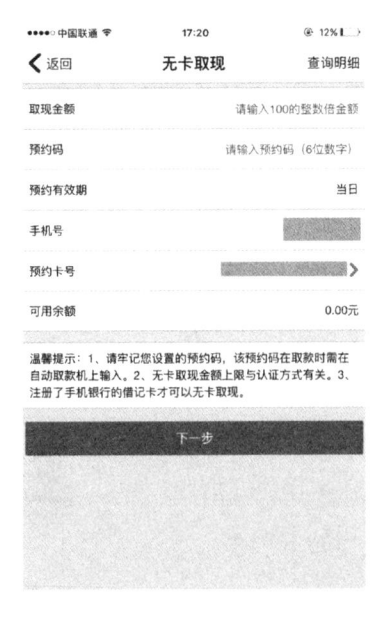

第四步：输入动态密码，点击"确定"按钮，稍等片刻即可完成预约取现。

操作完以上步骤后,当你去ATM机上取现时,无需插入银行卡,在ATM机上只需选择"手机预约取现"选项,并按提示进行操作即可完成取现。

需要注意的是:无卡取现是有额度限制的。

下表是笔者为你整理的三家银行取现额度表。

银行名称	单笔最高金额	日累计金额	备注
工商银行	1000元	5000元	如果使用动态密码登录,单笔最高金额和日累计金额为2万元
建设银行	2500元	20000元	
交通银行	1000元	5000元	

■ 无卡消费

手机无卡消费是通过手机银行预约进行POS消费的支付模式,它不需要使用传统的银行卡和手机卡。

无卡消费不仅使用方便、安全,而且还由于消费时不用随身携带银行卡,避免了银行卡遗失或被盗后的风险及补卡所带来的不便。

例如,交通银行手机无卡消费方式非常简单,凡是"e动交行"的用户,可登录手机银行APP,预约一定的消费限额,并设置预约码。消费结账时,只需在商户POS机上输入手机号、预约码以及银行卡的消费密码,便可实现无卡消费。

■ 生活缴费

随着科学技术的进步,手机银行APP已经悄悄地进入人们的生活,当下只要你拥有一部智能手机,能上网,开通手机银行,就能实现足不出户轻松搞定交话费、解决营业厅排队等问题。

下面以工商银行的手机银行APP为例,介绍使用手机生活缴费的操作步骤。

(1) 充值话费

使用工商银行手机银行APP充值话费的步骤如下所述。

第一步：在手机银行APP主界面的下方点击"惠生活"按钮。如下图所示。

第二步：在"惠生活"界面点击"手机充值"按钮。输入手机号码，选择充值费用，点击"立即充值"按钮。如下图所示。

第三步：选择"工银e支付"或"手机银行支付"。如下图所示。

第四步：输入支付卡号，点击"下一步"按钮。如下图所示。

第五步：确认手机号、卡号及输入手机验证码，点击"下一步"按钮。

第六步：点击"确认支付"按钮，稍等片刻，完成手机充值。

（2）购买电影票

使用工商银行手机银行APP购买电影票的步骤如下所述。

第一步：在"惠生活"界面，点击"电影票"按钮。如下图所示。

第二步：选择购票网站，四个网站的订票流程大致相似，这里以"惠享影票"为例。如下图所示。

第三步：进入"惠享电影"界面，在跳转的过程中，会出现定位的提示，你只需要点击"确定"按钮，系统自动会定位你所在的城市。如下图所示。

第四步：点击"影院"按钮，选择电影院。选择观看电影的时间，点击进去。如下图所示。

第五步：选择座位，一般情况下，红色表示已售，绿色表示已选，白色表示可选。选好座位以后，点击右上角的"提交"按钮。如下图所示。

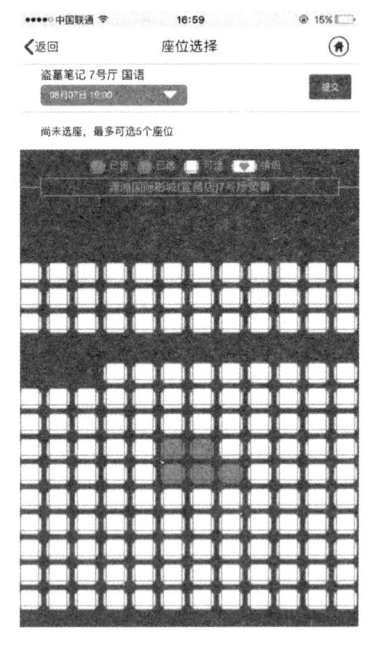

第六步：进行订单确认，输入手机号码，点击"提交"按钮。如下图所示。

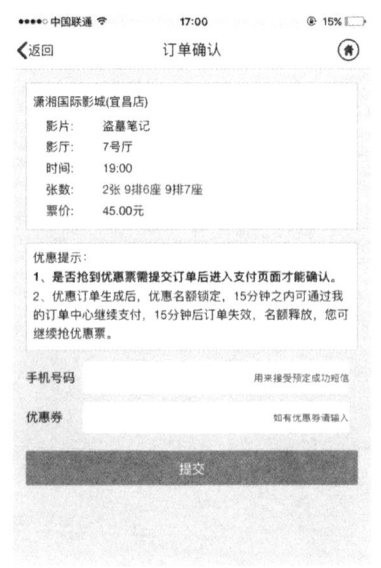

第七步：确认支付，点击"确认支付"按钮。电影票即购买成功。

（3）预订飞机票

以往订票的渠道在查询、下单、付款到拿到票的过程中要耗费很多时间和精力。但是利用手机银行APP购买机票，机票预订界面一目了然，可以直接选择单程或往返、出发和到达城市、出发日期与舱位信息等，还可以自主挑选航空公司，能大幅节省用户的时间。

下面以工商银行手机银行APP为例，详解购买飞机票的操作步骤。

第一步：在"惠生活"界面，点击"机票酒店"按钮。出现两个选择，两个选项的操作步骤几乎一样，这里我们以"去哪儿"为例。如下图所示。

第二步：点击"去哪儿"，选择出发地和到达地，出发日期，点击"搜索"按钮。如下图所示。

第三步：选择出发时间的航班，点击进去。如下图所示。

第四步：确认信息，点击"预订"按钮。输入乘机人姓名、身份证号等信息，点击"提交订单"按钮。

第五步：确认支付信息，点击"确认支付"按钮，预订飞机票成功。

机票预订成功后，你的手机会收到一条详细的订票短信通知，方便你查询确认。而且，你不用担心会拿不到票，因为是电子客票，你只需拿着身份证到机场直接办理登机牌就可以登机。

(4) 预约挂号

大家都知道现在想要去医院看个病或是检查身体，预约挂号流程很是麻烦，有时候排了半天队还不一定能挂到号。使用手机银行APP预约挂号可以帮你省去排队的辛苦和等待的时间。

下面以工商银行手机银行APP为例，向你介绍手机银行APP预约挂号的操作步骤。

第一步：在"惠生活"界面，点击"医疗健康"按钮。进入"医疗健康"界面，点击"医疗挂号"按钮。如下图所示。

第二步，选择需要挂号的医院，可以点击"查询"按钮，查找你需要挂号的医院。如下图所示。

需要注意的是：目前，并不是所有的医院都提供手机银行挂号服务。但相信在不久的将来，会有更多的医院可以实现通过手机进行挂号。

第三步：选择相应的医院进入"预约挂号"界面。若你是第一次在所选医院挂号，则需与该医院进行签约，也就是注册，点击界面上方"签约"按钮即可进行注册。

第四步：按照系统提示进行注册，注册成功后，软件会自动生成用户信息，根据页面提示获取动态密码后，点击"下一步"按钮。

第五步：输入动态密码，点击"确定"按钮，即可进行预约。

3.5 轻松完成理财

手机银行APP理财指银行发行的理财产品，由银行接受你的授权管理资金，投资收益与风险由你或你与银行按照约定方式承担。

手机银行理财产品可根据投资领域、风险等级等进行分类，笔者从人们较为关注的风险与收益角度出发，将手机银行理财产品大致分为以下三种。

类型	说明
低风险的手机银行理财产品	这类理财产品主要是进行银行存款，或是购买国债，由于有银行信用和国家信用作保证，具有最低的风险水平，但收益率较低
中等风险的手机银行理财产品	主要是投资各种货币市场基金、偏债型基金信托类、外汇结构性存款、结构性理财产品等，这些理财产品都有较高的风险，但收益也远比定期存款高
高风险的手机银行理财产品	境外投资机构等理财产品就属于高风险、高回报的类型

以往你购买理财产品的方式，都是去银行听工作人员长篇大论一番后，可能还不清楚自己该购买哪款产品。

如果你在手机银行APP上购买理财产品，不但节约了时间，而且不会被其他人影响自己最初投资的目的，减少投资的风险。

目前，各家银行推出的手机银行APP操作方式不尽相同，有的简单快捷，有的略显繁琐。多数银行推广的手机银行APP购买理财产品的业务，需要下载客户端软件，然后登录手机银行逐级找到相应的投资理财菜单，并逐一查询对应的理财产品名称，然后按照操作提示完成购买。

手机银行APP理财与传统的理财业务相比，虽有很多优势，比如方便、快捷。但你在购买时需要仔细辨别产品的各方面情况，如预期收益率、产品的投资方向、风险大小等。如果有不清楚的地方，一定要电话咨询或者亲自去银行询问，不可盲目购买。

■ 手机银行APP炒股

使用手机银行APP炒股已经成为最流行的股票交易方式，相对于其他投资，手机银行APP炒股更加成熟，功能更加全面。手机银行APP炒股最大的好处，就是你不会因为出门在外而错过稍纵即逝的挣钱时机。

下面以工商银行手机银行APP为例，告诉你如何利用手机银行APP轻松玩转炒股。

第一步：在工商银行手机银行APP主界面，点击"投资理财"按钮，在"投资理财"界面点击"手机股市"按钮。如下图所示。

第二步：在"手机股市"界面点击"股市行情"按钮，输入你要查看的股票，点击"查询"按钮。如下图所示。

第三步：点击所搜到的股票可查看详情。如下图所示。

第四步：你可在"股票详情"界面查询该股的走势。点击操作后面的"▶"，在出现的对话框里点击"定制成为我的股票"，可以定制该股的行情提醒。如下图所示。

■ 手机银行APP买保险

保险投资一直被誉为"为无法预料的事情做准备"。投资保险,是为了在发生意外的时候,弥补自己的损失。保险是理财规划中不可缺少的项目。

下面以工商银行手机银行APP为例,演示如何购买保险。

第一步:在"投资理财"界面,点击"保险"按钮。如下图所示。

第二步:在"保险"界面,输入想要购买保险的名称或关键字,点击"查询"按钮。如下图所示。

第三步：在"保险详情"界面，查看该保险详细内容，点击"投保"按钮。进入相应的界面，阅读相关说明书、协议等文件。

第四步：点击"下一步"按钮，输入身份证后4位数、证件有效截止日、购买的份数等信息。点击"下一步"按钮，选择投保付款账户。确认信息无误后点击"确定"按钮。

第五步：根据页面提示输入动态密码，即可完成保险的购买。

■ 手机银行APP买基金

用手机银行APP购买基金，不仅不需要跑银行营业厅，甚至不需要电脑，而且还可以查看基金的各项信息。

下面以工商银行的手机银行APP为例，演示如何通过手机银行APP购买基金。

第一步：在"投资理财"界面，点击"基金"按钮。如下图所示。

第3章 手机银行APP，手机里的私人银行

第二步：在"基金"界面，输入你想购买的基金的名称或代码，点击"查询"，你也可以在列表中查看基金。如下图所示。

第三步：选择你想购买的基金，点击即可进入该基金详情界面。如下图所示。

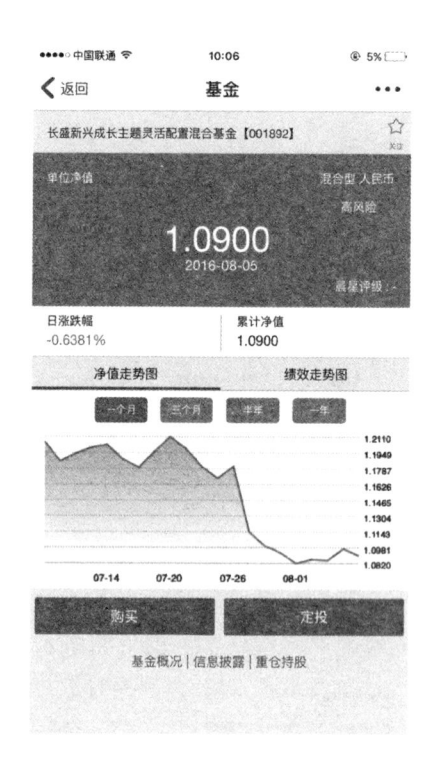

第四步：查看基金，点击"购买"按钮，即可进入"购买基金"界面，填写购买金额等信息后，点击"下一步"按钮。

第五步：确认购买信息无误后，点击"确定"按钮。按照页面提示输入密码后，即可完成基金的购买。

■ 手机银行APP炒外汇

你可以通过手机银行APP进行外汇业务的办理或是进行外汇投资。

下图以工商银行的手机银行APP为例，详解如何通过手机银行APP炒汇的操作步骤。

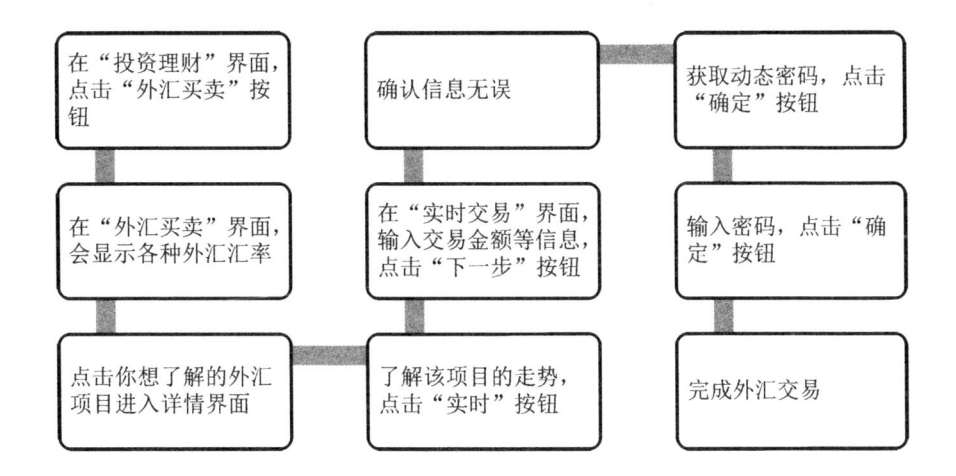

```
┌─────────────────┐   ┌─────────────────┐   ┌─────────────────┐
│ 在"投资理财"界面,│   │                 │   │ 获取动态密码,点击│
│ 点击"外汇买卖"按 │──▶│ 确认信息无误    │──▶│ "确定"按钮      │
│ 钮              │   │                 │   │                 │
└─────────────────┘   └─────────────────┘   └─────────────────┘
         │                     ▲                     │
         ▼                     │                     ▼
┌─────────────────┐   ┌─────────────────┐   ┌─────────────────┐
│ 在"外汇买卖"界面,│   │ 在"实时交易"界面,│   │ 输入密码,点击"确│
│ 会显示各种外汇汇率│   │ 输入交易金额等信息│   │ 定"按钮         │
│                 │   │ 点击"下一步"按钮 │   │                 │
└─────────────────┘   └─────────────────┘   └─────────────────┘
         │                     ▲                     │
         ▼                     │                     ▼
┌─────────────────┐   ┌─────────────────┐   ┌─────────────────┐
│ 点击你想了解的外汇│   │ 了解该项目的走势,│   │                 │
│ 项目进入详情界面 │──▶│ 点击"实时"按钮  │   │ 完成外汇交易    │
│                 │   │                 │   │                 │
└─────────────────┘   └─────────────────┘   └─────────────────┘
```

■ 手机银行APP投资贵金属

贵金属投资分为三种,如下图所示。

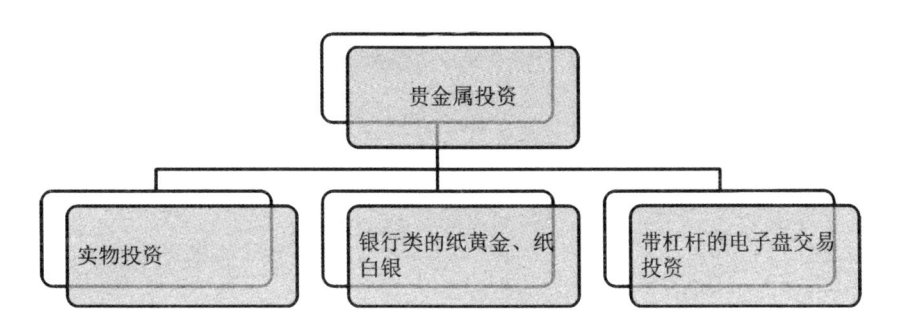

```
                  ┌──────────┐
                  │ 贵金属投资 │
                  └─────┬────┘
         ┌──────────────┼──────────────┐
         ▼              ▼              ▼
    ┌────────┐    ┌──────────┐   ┌──────────────┐
    │实物投资│    │银行类的纸 │   │带杠杆的电子盘│
    │        │    │黄金、纸白银│  │交易投资      │
    └────────┘    └──────────┘   └──────────────┘
```

相对于传统的证券、期货、房产投资和银行储蓄,贵金属具有非常好的变现性和保值性,可以抵御通胀带来的币值缩水。同时,贵金属投资也是巴菲特、索罗斯和罗杰斯这些国际投资大师一致看好的最佳投资选择之一。

下面以工商银行的手机银行APP为例,演示如何使用手机银行APP进行贵金属投资。

第一步:在工商银行手机银行APP主界面,点击"投资理财"按钮,在"投资理财"界面点击"贵金属"按钮。如下图所示。

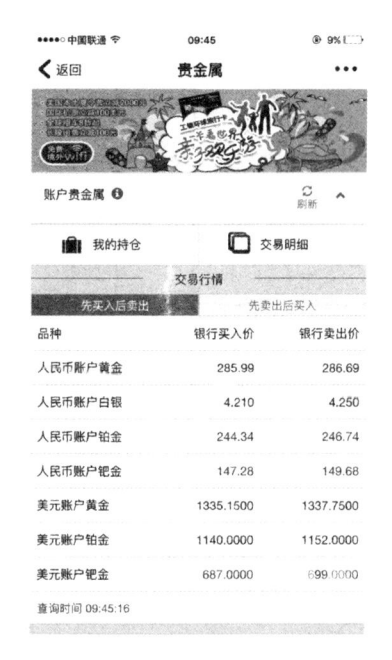

第二步：在"贵金属"界面，点击"我的持仓"按钮。开办"账户贵金属"交易，需接受风险能力测评和产品适合度评估。点击"签署《中国工商银行账户贵金属交易协议》按钮。如下图所示。

第3章　手机银行APP，手机里的私人银行

第三步：完成风险能力评测，点击"确定"按钮。进行产品适合度评估，点击"确定"按钮。如下图所示。

第三步：完成以后，在"贵金属"界面，点击"账户贵金属"按钮，点击"制定定投计划"按钮。如下图所示。

第四步：点击定投品种，查看详情，点击"定投"按钮。如下图所示。

第五步：确认信息无误并根据页面提示获取动态密码后，点击"确定"按钮。输入动态密码并点击"确定"按钮，即可完成贵金属业务的定投。

■ 手机银行APP买国债

以工商银行手机银行APP为例，你可以购买到的债券分为记账式国债和储蓄式国债。而储蓄式国债又分为凭证式和电子式。

下面以工商银行的手机银行APP购买记账式国债为例，演示用手机银行APP购买国债的方法。

第一步：在"投资理财"界面，点击"债券"按钮。如下图所示。

第二步：在"债券"界面，选择你感兴趣的国债，点击进去。如下图所示。

第三步：在"行情及交易"界面，查看该债券的详情，点击"购买"按钮。如下图所示。

第四步：填写购买金额等信息后，点击"下一步"按钮。

第五步：确认购买信息无误后，点击"确定"按钮。按照页面提示输入密码后，即可完成国债的购买。

理财提醒：

用手机银行APP购买理财产品时，需要注意产品的投资方向与风险。虽然方便、快捷的手机银行APP理财业务使忙碌的上班族仅需几分钟就可购买理财产品，但如果面临大额理财业务，比如需要十几万元或者几十万元资金的话，建议你最好还是到银行柜台购买，毕竟资金安全是大问题。

本章精彩导读

什么是微众银行
如何在微众银行开户
微众银行之"活期+"理财攻略
微众银行之"微众金"理财攻略

第4章 微众银行，国内首家网络银行

2014年12月，国内首家网络银行——微众银行获得由深圳银监局颁发的金融许可证，注册资本为30亿元人民币。该银行既无营业网点，也无营业柜台，更无需财产担保，而是通过人脸识别技术和大数据信用评级发放贷款。微众银行致力于为普通大众、微小企业提供优质便捷的金融服务。

4.1 什么是微众银行

微众银行由腾讯、百业源和立业等多家知名企业发起设立，是国内首家民营银行和互联网银行，致力于为普通大众、微小企业提供优质便捷的金融服务。

2015年，李克强总理在深圳前海微众银行敲下电脑的回车键，卡车司机徐军就拿到了3.5万元贷款。这是微众银行作为国内首家开业的互联网民营银行完成的第一笔放贷业务。该银行既无营业网点，也无营业柜台，更无需财产担保，而是通过人脸识别技术和大数据信用评级发放贷款。

微众银行有三大主要业务。

消费金额

大众理财　　平台金融

■ 消费金融

微众银行于2015年5月中旬推出普惠金融贷款产品"微粒贷"。

"微粒贷"是国内首款实现从申请、审批到放款全流程实现互联网线上运营的贷款产品，具有普惠、便捷的独特亮点。

"微粒贷"依托腾讯两大社交平台——手机QQ和微信，无担保、无抵押、无需申请。客户只需提供姓名、身份证号和电话号码就可以获得

500元~20万元的额度设置，可以满足普通大众的小额消费和经营需求。

"微粒贷"循环授信、随借随还，1分钟到达客户指定账户，提供7×24小时服务。用互联网技术触达海量用户，将极其便捷的银行服务延伸至传统银行难以覆盖的中低收入客群。

■ 大众理财

2015年8月15日，微众银行正式推出首款独立APP形态产品。依靠微众银行专业团队的风险把控和质量甄选，通过联合优质可靠的行业伙伴，微众银行APP为用户优选符合多种理财需求的金融产品，且支持实时提现，实现资金调度高效便捷，切实帮助用户轻松管理财富。

微众银行APP产品经过多次反复测试调研，考虑到大众理财时可能遇到的时间受限、知识欠缺等问题，不断降低操作门槛，以明了清晰的产品说明和用户指导，持续优化用户的使用体验。

■ 平台金融

微众银行已与物流平台"汇通天下"、线上装修平台"土巴兔"、二手车电商平台"优信二手车"等国内知名的互联网平台联合开发产品。通过连接有数据、有用户的互联网企业，将微众银行的金融产品应用至它们的服务场景中，将互联网金融带来的普惠利好垂直渗透至普通大众的衣食住行，实现资源有效整合和优势互补，达到合作共赢的局面。

4.2 如何在微众银行开户

在微众银行开户的步骤非常简单，具体的开户流程如下所述。

第一步：打开"微众银行"APP，点击上方的"开户"按钮。如下图所示。

第二步：进入到登录页面，可选择"微信登录"或"QQ登录"。如下图所示。

第三步：点击"微信登录"后进入至授权页，点击"确认登录"。如下图所示。

第四步：填写姓名、身份证、手机号和手机收到的验证码，填好后，点击"下一步"按钮。如下图所示。

第五步：设置微众银行交易密码，需要输入两遍。如下图所示。

第六步：进入人脸验证。在安静且光线充足环境下，平视摄像头，保持合适的距离，不能戴帽子、眼镜，需要露出耳朵，保持你的脸出现在蓝色框内。如下图所示。

第七步：稍等片刻，进行人脸验证。如下图所示。

第八步：点击"完成"，开户成功。

开户后，你就会得到一张微众卡，一张虚拟的银行卡，与其他线下开立的银行卡相比，这只是一个弱实名账户。但不管怎么说，你有了一张中国首个互联网银行的账号，值得小嘚瑟一下。

值得注意的是，微众卡支持包括"工、农、中、建、交"在内的全国共1600余家银行的柜台、网银向微众银行进行转账汇款。

4.3 微众银行之"活期+"理财攻略

"活期+"对接的是国金通用基金旗下货币基金，最新7日年化收益率为5.26%，高于现在市面上的大部分货币基金收益率。当前的高收益并不代表以后会一直持续下去，毕竟当前处于货基收益普遍下滑的市场环境中。

不过，不得不说，这的确是微众银行发行的亮点之一了。

■ "活期+"的交易规则

"活期+"的交易规则如下所示。

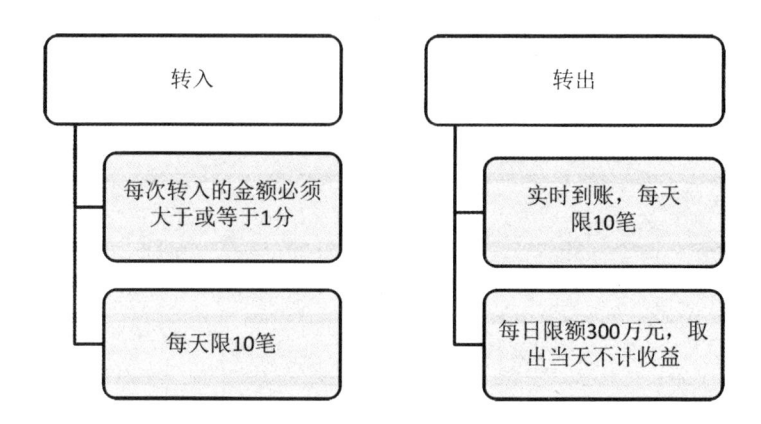

```
┌─────────┐              ┌─────────┐
│  转入   │              │  转出   │
└────┬────┘              └────┬────┘
     │                        │
┌────┴─────────┐      ┌───────┴────────┐
│每次转入的金额必须│      │ 实时到账,每天  │
│  大于或等于1分   │      │    限10笔      │
└──────────────┘      └────────────────┘
     │                        │
┌────┴─────────┐      ┌───────┴────────┐
│  每天限10笔  │      │每日限额300万元,取│
│              │      │ 出当天不计收益  │
└──────────────┘      └────────────────┘
```

■ "活期+"的收益规则

"活期+"的收益规则如下表所示。

买入时间	开始计算收益	看到收益
周一15:00~周二15:00	周三	周四凌晨
周二15:00~周三15:00	周四	周五凌晨
周三15:00~周四15:00	周五	周六凌晨
周四15:00~周五15:00	下周一	下周二凌晨
周五15:00~下周一15:00	下周二	下周三凌晨

需要注意的是:投资者购买货币基金并不等于将资金作为存款存在银行或存款类金融机构,基金管理公司不保证基金一定盈利,也不保证最低收益。

■ 如何转入

购买"活期+"的操作步骤如下所述。

第一步：打开"微众银行"APP，在"总览"界面点击"活期+"。如下图所示。

第二步：查看近7日年化收益率和万份收益，点击"转入"按钮。如下图所示。

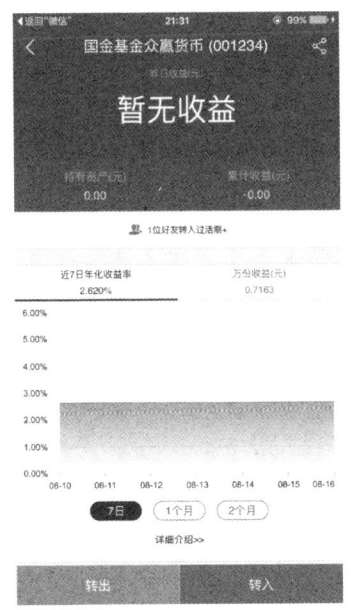

第三步：输入投资金额，点击"立即转入"按钮。如下图所示。

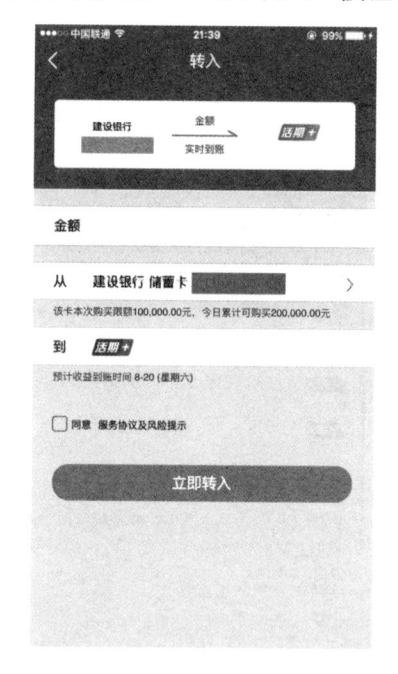

第四步：输入支付密码，转入成功。如下图所示。

4.4 微众银行之"微众金"理财攻略

"微众金"是微众银行推出的实物黄金积存产品。简单来说,就是你可以在微众银行APP中用人民币购买实物黄金。微众金支持实物黄金的提取,还能够黄金生息。

微众金是1元起买的生息黄金,买入实时确认,价格透明,无任何手续费,卖出资金实时到账。我们暂且不说没有手续费,到账时间绝对秒杀各类黄金投资产品。同时,你还可以随时预约提取实物黄金,定活任意互转,委托挂单、设置定投。360度满足你的黄金投资需求。

微众金有两大类产品。

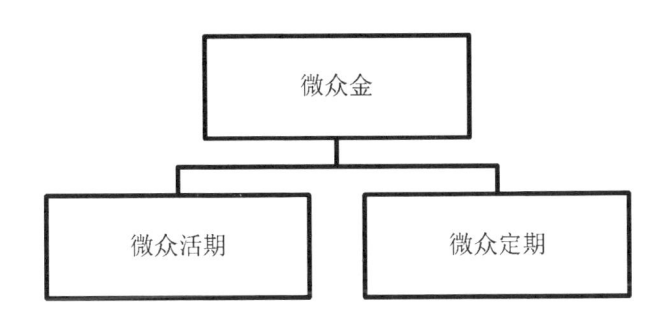

```
            ┌─────────┐
            │  微众金  │
            └────┬────┘
         ┌───────┴───────┐
    ┌────┴────┐     ┌────┴────┐
    │ 微众活期 │     │ 微众定期 │
    └─────────┘     └─────────┘
```

■ 微众金的交易方式

微众金有多种交易方式。如下图所示。

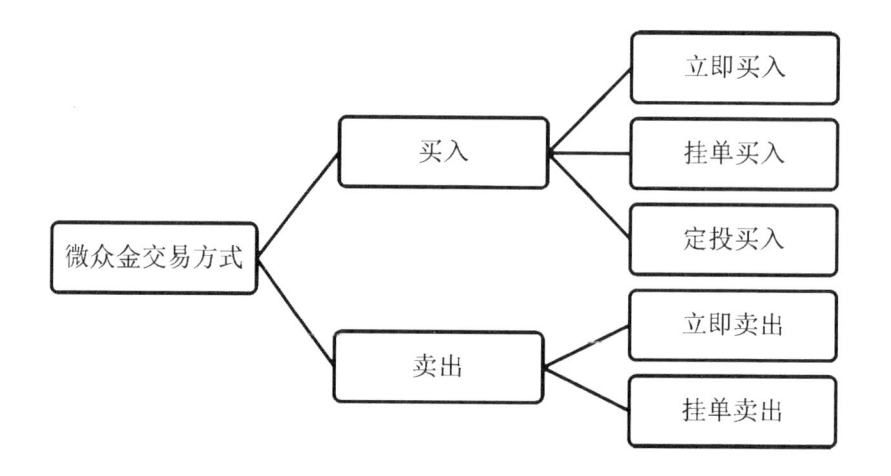

```
                                    ┌─ 立即买入
                          ┌─ 买入 ──┼─ 挂单买入
微众金交易方式 ──┤          └─ 定投买入
                          └─ 卖出 ──┬─ 立即卖出
                                    └─ 挂单卖出
```

立即买入,指按照当前实时买入价立即买入成交。

挂单买入,是设定目标价格,在有效期内若实时买入价达到目标价格则自动买入成交。

定投买入,是按周或月的频率定期自动买入固定金额或克数的微众金。

立即卖出,和立即买入类似,即按照当前实时卖出价立即卖出成交。

挂单卖出,也就是设定目标价格,在有效期内若实时卖出价达到目标价格则自动卖出成交。

■ 如何赚取收益

投资微众金获取收益分为两部分。

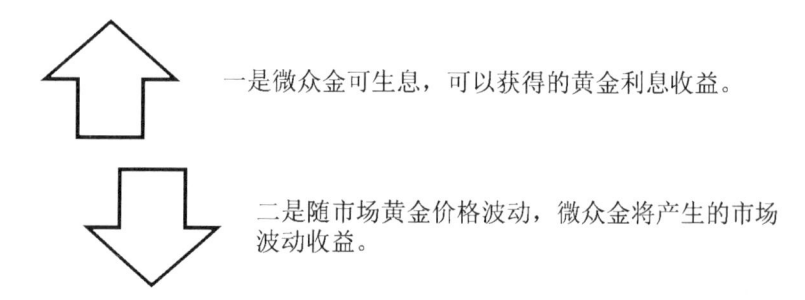

⬆ 一是微众金可生息,可以获得的黄金利息收益。

⬇ 二是随市场黄金价格波动,微众金将产生的市场波动收益。

所以，微众金的收益来自于黄金利息收益和金价波动带来的收益加总在一起，总收益体现在微众金账户的浮动收益中。

微众金生息部分体现在成本均价中。比如你以280元/克买入100克微众金活期，持有3个月后收益0.31克的黄金利息，那么你的成本会降低至280×100/（100+0.31）=279.13元/克。成本均价可以直观体现你购买微众金的成本。

再比如，以280元/克买入100克微众金活期，持有3个月。在此期间微众金活期利率为1.25%。100克微众金活期3个月后产生约0.31克黄金收益，到时总持有100.31克微众金。全部卖出100.31克黄金。

若此时卖出价为290元/克，则你的收益为：290×100.31−280×100=1089.9元。也就是这笔投资你实际收益了1089.9元。

若此时卖出价为280元/克，则你的收益为：280×100.31−280×100=86.8元。也就是这笔投资你实际收益了86.8元。

若此时卖出价为275元/克，则你的收益为：275×100.31−280×100=−414.75元。也就是这笔投资你亏损了414.75元。

所以，当卖出价低于成本均价时你可以继续持有，待金价上涨后再卖出赚取收益。

■ 如何买入

微众金买入的操作步骤如下所述。

第一步：打开"微众银行"APP，在下方点击"投资"。点击"微众金"按钮。如下图所示。

第二步：在"微众金"主界面，选择你要买入的项目，点击即可。如下图所示。

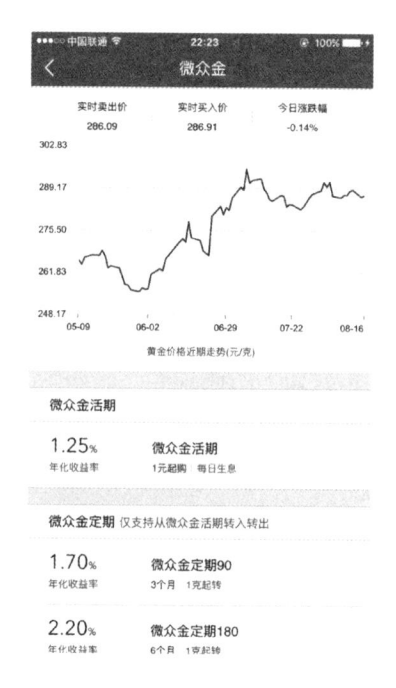

第三步：查看项目详情，点击"买入"按钮。如下图所示。

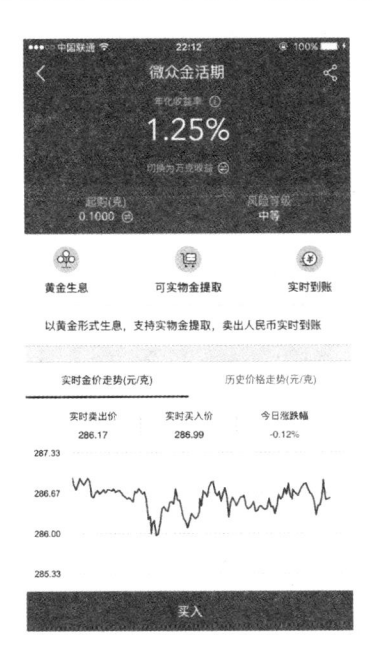

第四步：进行风险评估，点击"开始答题"按钮。如下图所示。

第五步：答题完毕，点击"确认并提交"按钮。如下图所示。

第六步：确认评估结果，点击"确认"按钮。如下图所示。

第七步：回到项目界面，点击"转入"按钮，勾选同意按钮，点击"开通微众金业务"按钮。如下图所示。

第八步：输入买入克数，点击"确认买入"按钮。如下图所示。

第九步：输入支付密码，点击"确认"按钮。稍等片刻，微众金买入成功。

本章精彩导读

什么是百度理财
如何在百度理财上开户
百度理财之"百赚"投资攻略
百度理财之"百度理财B"投资攻略
百度理财之"百发"投资攻略
百度理财之"百赚利滚利"投资攻略
如何参与百度理财上的众筹

第5章 百度理财,理财产品大超市

理财产品"余额宝"的横空出世,代表着互联网巨头与传统金融行业"触电"成功,带动了一批互联网巨头的模仿,百度也在其中。2013年10月28日,百度与华夏基金联手推出了"百发"这一理财产品,并于同日正式上线"百度金融中心理财"平台。之后,百度推出了更多的理财产品,形成了百度专属的"理财大超市"。

5.1 什么是百度理财

如今，互联网理财已成为新潮流，手机理财产品日益多样化，投资者的选择也越来越多。不可否认，各大电商纷纷推出专属理财产品，这给以银行为代表的传统金融机构带来了巨大冲击。

百度理财，凭借着自身独有的优势，在众多理财产品中脱颖而出。那么，什么是百度理财？百度理财的优势又是什么呢？

什么是百度理财
- 是百度钱包旗下专业化理财APP，也叫百度金融中心，提供投资、贷款、消费金融、互动金融等各类金融服务
- 全面满足个人及家庭投资、借贷、消费等金融需求

2013年10月28日，百度理财平台上线。2014年4月23日，百度理财平台升级为百度金融中心。

百度理财由专业化的投资理财团队组建而成，旨在为更多的用户提供多元化高品质的金融产品。与此同时，也为用户提供快捷安全的金融服务，"打造一站式的安全、专业、全面的综合金融服务平台"是百度理财的追求目标。

■ 百度理财的优势

百度理财有三大优势。

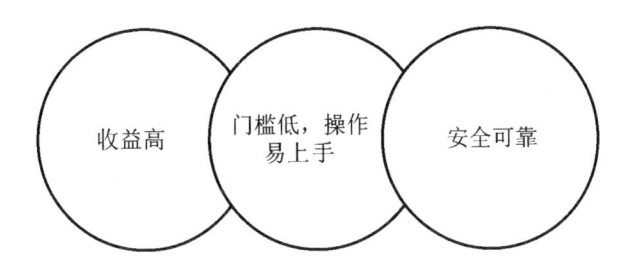

```
  收益高        门槛低，操作      安全可靠
              易上手
```

收益高。百度理财推出的每套理财产品的收益率都比银行高，可以达到年化收益率6.5%，并且时间相对而言更自由灵活。可以说，百度理财提供了一个收益更为可观、操作更为灵活的投资理财平台。

门槛低，操作易上手。尽管百度理财推出了系列理财产品，如"百发""百度理财B""百赚"等等，但是这些理财产品都有一个共同点，那就是它们的门槛非常低，操作也很容易上手。

百度承诺，用户仅仅投资一元，也可以开户进行理财，并不需要像其他的理财产品那样，需要达到某一最低额度后，才可以开户理财。这种理财方式可以吸引不同经济基础的人群前来投资，扩宽了资金的来源，也可以为不同经济条件的理财人群提供方便。

安全可靠。百度理财产品是专为投资者所开设的个人理财账户，所以会对用户的个人信息进行保密，不会造成私人资料的泄露。除此以外，也有中国投资担保有限公司进行本金担保，可以使用户有效规避资金风险。并且，百度理财平台不收取任何手续费，为用户提供了更多优惠。

5.2 如何在百度理财上开户

百度理财是百度推出的一种便民计划，旨在提供闲置资金的增值服务。那么，百度理财怎么开户呢？

百度理财开户的操作步骤如下所述。

第一步：打开"百度理财"APP，点击下方的"登录"按钮。如下图所示。

第二步：在"登录"界面点击右上方的"注册"按钮。如下图所示。

第三步：输入手机号码，点击"获取手机验证码"按钮。输入验证码，点击"提交"按钮，开户成功。如下图所示。

5.3 百度理财之"百赚"投资攻略

"百赚"，是百度理财和华夏基金合作推出的理财产品。"百赚"具有三大特点。

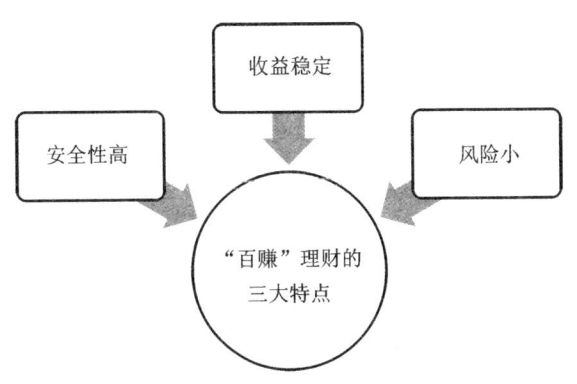

安全性高。 百赚以1年期限以内的国债、央行票据、银行存单等为主要投资对象，不参与股票或者股市的投资，所以安全性高。

收益稳定。 百度一改"百发"8%的高调态度，仅仅把收益定为银行活期利息收益的12倍。具体来说，则意味着"百赚"的收益率在4%左右。但是投资者可以在"百赚"近年的历史业绩中看到，"百赚"的实际收益率维持在5%左右。

风险小。 "百赚"属于货币型基金，基金类产品本身的风险系数小。但较之传统的银行定期存款利率来说，如今的货币型基金的收益率要高出很多。

下面将详述如何玩转"百赚"。

■ 如何查看收益

查看"百赚"收益的操作步骤如下所述。

在"理财"界面，点击"百赚"，即可查看近一周的7日年化收益率。如下图所示。

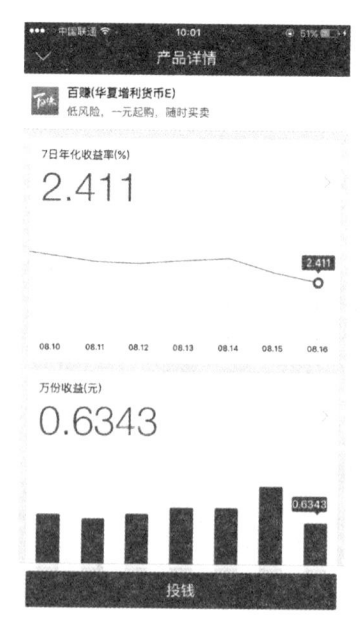

点击"7日年化收益率",选择"近一月",即可看到近一个月的平均收益率。如下图所示。

点击右上角的"…"按钮,可以以列表的形式查看7日年化收益率。如下图所示。

在"百赚"主界面中,点击"万份收益"按钮进入其界面,可以查看近一周或近一个月的平均万份收益金额。如下图所示。

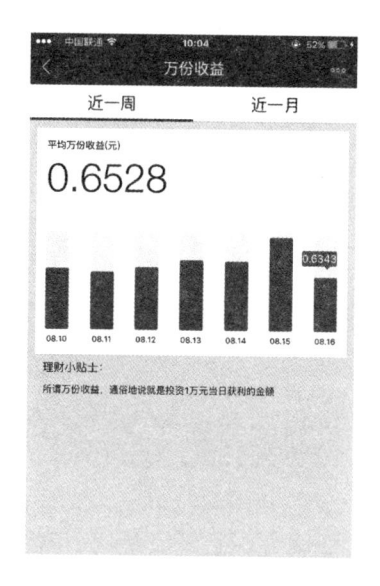

■ 如何计算收益

"百赚"计算收益操作步骤如下所述。

第一步：在"百赚"主界面，在"投钱金额"里输入你需要投资的金额数。如下图所示。

第5章 百度理财，理财产品大超市

第二步：在"期限"里输入你需要投资的天数。如下图所示。

第三步：系统自动算出你的基金预期收益和银行活期收益。如下图所示。

比如，输入投资金额为5000元，期限为90天，基金预期收益为29.72元，银行活期收益为4.32元。

■ 如何购买"百赚"

购买"百赚"的操作步骤如下所述。

第一步：在"百赚"主界面，点击"投钱"按钮。如下图所示。

第二步：需要注意的是，首次使用百度理财，在购买理财产品的时候，需要完善个人信息。点击"投钱"按钮，系统跳转至"完善个人信息"界面，输入姓名、身份证号，设置支付密码、手机验证码，点击"下一步"按钮。如下图所示。

第三步：添加银行卡，选择银行，输入卡号、手机号和验证码，点击"下一步"按钮。如下图所示。

第四步：跳转至"百赚"界面，再次点击"投钱"按钮。输入投资金额和支付密码，点击"确认投钱"按钮，购买"百赚"成功。如下图所示。

5.4 百度理财之"百度理财B"投资攻略

相对于"百发"和"百赚","百度理财B"并没有多少知名度。但是就"吸金"效果而言,"百度理财B"绝对是大赢家。2013年10月28日,"百理财B"正式上线,上线仅4小时就筹集了10亿元资金。

"百度理财B"是百度理财的第二款产品,它与"百赚"最根本的区别在于采取会员制,有名额限制。

"百度理财B"之所以有会员名额限制,是因为用户在注册"百度理财B"的个人账号后会拥有一个"百宝箱",该"百宝箱"由中投保公司提供担保。只有用户在认购"百度理财B"后,才能成为创始会员,在2个月后享受"百宝箱"的奖励。

百宝箱神秘大奖的多少跟投资者投入"百度理财B"的金额和时长有关。举例来说,如果投资者因故需要提前收回自己在"百度理财B"的所投本金,那么就会直接对自己所获的百宝箱产生影响。

与之相反,如果投资者按时投入本金,再加上百宝箱里的一部分收益,共计可以达到8%左右的收益率。值得注意的是,只有在60天的封闭期后,百宝箱才会开启。

■ 如何查看收益

查看"百度理财B"收益的操作步骤如下所述。

在"理财"界面,点击"百度理财B",即可查看近一周的7日年化收益率。如下图所示。

点击"7日年化收益率",选择"近一月",即可查看近一个月的平均收益率。如下图所示。

点击右上角的"…"按钮,可以以列表的形式查看7日年化收益率。如下图所示。

日期	7日年化收益率
2016-08-16	2.411 %
2016-08-15	2.424 %
2016-08-14	2.444 %
2016-08-13	2.440 %
2016-08-12	2.436 %
2016-08-11	2.438 %
2016-08-10	2.447 %
2016-08-09	2.456 %
2016-08-08	2.452 %
2016-08-07	2.434 %
2016-08-06	2.443 %
2016-08-05	2.451 %
2016-08-04	2.479 %
2016-08-03	2.476 %

在"百度理财B"主界面中，点击"万份收益"按钮进入其界面，可以查看近一周或近一个月的平均万份收益金额。如下图所示。

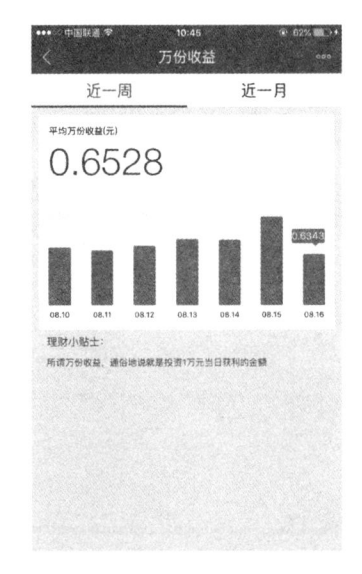

■ 如何计算收益

计算"百度理财B"收益的操作步骤如下所述。

第一步：在"百度理财B"主界面，在"投钱金额"里输入你需要投资的金额数。如下图所示。

第二步：在"期限"里输入你需要投资的天数。如下图所示。

第三步：系统自动算出你的基金预期收益和银行活期收益。如下图所示。

比如，输入投资金额为5000元，期限为90天，基金预期收益为29.72元，银行活期收益为4.32元。

- 如何购买"百度理财B"

如果你想购买"百度理财B"，请参考上一节购买"百赚"的操作步骤。

需要注意的是，由于"百度理财B"的火热，大部分情况下是售罄状态。如果你想购买，请多关注"百度理财"的信息。

5.5 百度理财之"百发"投资攻略

"百发"是百度理财的理财产品之一，严格来说，"百发"并不是能够自由买卖的理财产品，而是组合形式的理财计划。

"百发"的预期年化收益率为8%。这一数值刚一提出，就引来了巨大争议："百发"是凭借什么能提供高于货币基金两倍的收益呢？

第5章 百度理财，理财产品大超市

作为百度高调进军互联网金融的代表性成果——"百发"，实际上是百度和华夏基金共同合作推出的金融理财计划。它的门槛相对而言低不少，可以支持1元起买，也可以随时赎回。

但是为了能够达到年化收益率8%的目标，"百发"不仅采取限量发售的方式，还采取封闭运营的管理模式，为资金的收益提供双重保障。

除此以外，中投保公司全程担保"百发"的资金成本和所得利息，规避用户资金的风险。但根据相关新闻报道，百度公司也自行补贴了一部分资金，来保障"百发"的高收益率。

■ 如何查看收益

既然知道了"百发"的诸多优势，那么，在"百度理财"APP上，我们应该如何查看"百发"收益呢？

查看"百发"收益的方法非常简单，如下所述。

打开百度理财，在"理财"界面，找到"百发"并点击，即可查看"百发"的详情，包括年收化益率、基金预期收益、银行活期收益等相关信息。如下图所示。

■ 如何计算收益

计算"百发"收益的操作步骤如下所述。

第一步：在"百发"主界面，在"投钱金额"里输入你需要投资的金额数。如下图所示。

第二步：在"期限"里输入你需要投资的天数。如下图所示。

第三步：系统自动算出你的基金预期收益和银行活期收益。如下图所示。

比如，输入投资金额为20000元，期限为90天，基金预期收益为387.57元，银行活期收益为17.26元。

■ 如何购买"百发"

如果你想购买"百发"的，请参考购买"百赚"的操作步骤。

需要注意的是，由于"百发"的火热，大部分情况下是售罄状态。如果你想购买，请多关注"百度理财"的信息。

5.6 百度理财之"百赚利滚利"投资攻略

"百赚利滚利"是百度理财推出的一款理财新品，但这次的合作伙伴却从之前的业内规模第一的华夏基金，换到了业内另一巨头——嘉实基金。

"百赚利滚利"和"百发""百赚"一样，都属于货币基金。因此，它也具有灵活性、安全性和低风险性三大特性，有着"准储蓄"的美誉。

我们可以用下图表示"百赚利滚利"的主要特点。

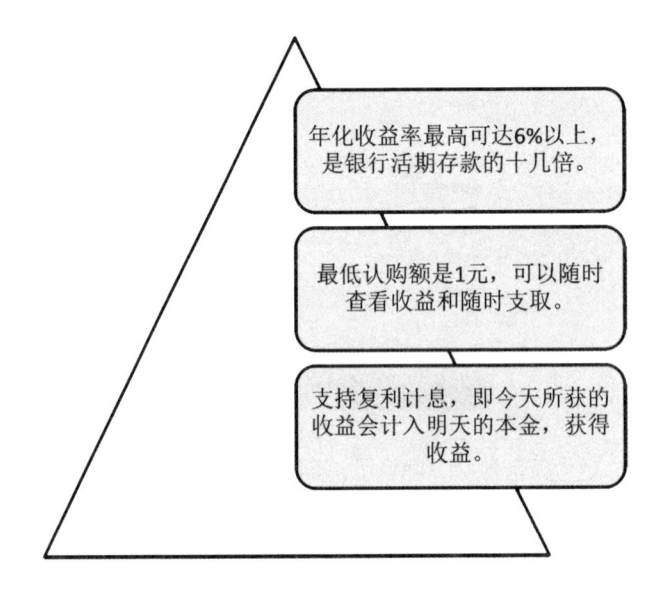

- 年化收益率最高可达6%以上，是银行活期存款的十几倍。
- 最低认购额是1元，可以随时查看收益和随时支取。
- 支持复利计息，即今天所获的收益会计入明天的本金，获得收益。

每种理财产品都存在风险，所以投资者应该及时关注市场动态和行业变化，具有规避风险和灵活投资的意识，这样才能将自身收益最大化。

■ 如何查看收益

查看"百赚利滚利"收益的操作步骤如下所述。

在"理财"界面，点击"百赚利滚利"，即可查看近一周或近一个月的年化收益率。如下图所示。

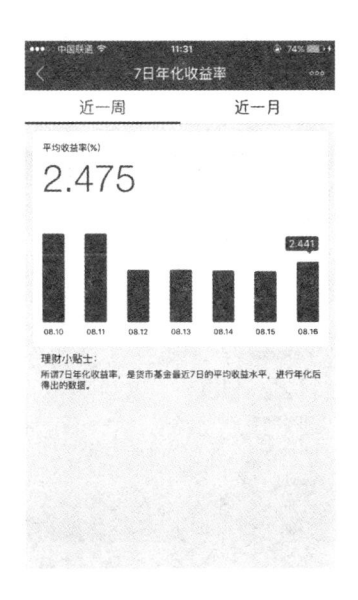

在"百赚利滚利"主界面中,点击"万份收益"按钮进入其界面,可以查看近一周或近一个月的平均万份收益金额。如下图所示。

■ 如何计算收益

计算"百赚利滚利"收益的操作步骤如下所述。

第一步：在"百赚利滚利"主界面，在"投钱金额"里输入你需要投资的金额数。如下图所示。

第二步：在"期限"里输入你需要投资的天数。如下图所示。

第三步：系统自动算出你的基金预期收益和银行活期收益。如下图所示。

第5章 百度理财，理财产品大超市

比如，输入投资金额为5000元，期限为90天，基金预期收益为30.09元，银行活期收益为4.32元。

■ 如何购买"百赚利滚利"

购买"百赚利滚利"的操作步骤如下所述。

第一步：在"百赚利滚利"主界面，点击"投钱"按钮。如下图所示。

第二步：输入投资金额和支付密码，点击"确认投钱"按钮，购买"百赚利滚利"成功。如下图所示。

需要注意的是，不论"百赚利滚利"是货币基金也好，还是资金只能在单个账户之间流动也好，这始终都是一种投资行为。投资肯定有风险，只是风险大小不同。对于像百度这样的大公司的理财产品，为了市场和客户，自然也很看重它的收益。因此，及时关注官方动态和行业情况，赚取最大收益才是投资者要做的。

5.7 如何参与百度理财上的众筹

以百度搜索引擎已有的广大使用量为基础，百度众筹可以及时掌握网民的理财需求，并利用规范的金融工具，来为企业和个人提供小额贷款或借款业务，进而促进国民经济在新时代环境下顺利完成结构转型。

同时，立足于信息化消费的整体特点，百度众筹构建了以消费者、生产者、投资者和融资者为主的共赢生态圈，可以大大提高资金的灵活性，缩短资金周转所需要的时间，也可以适当调整融资比例。

与其他的理财产品相比，百度众筹具有以下特点。

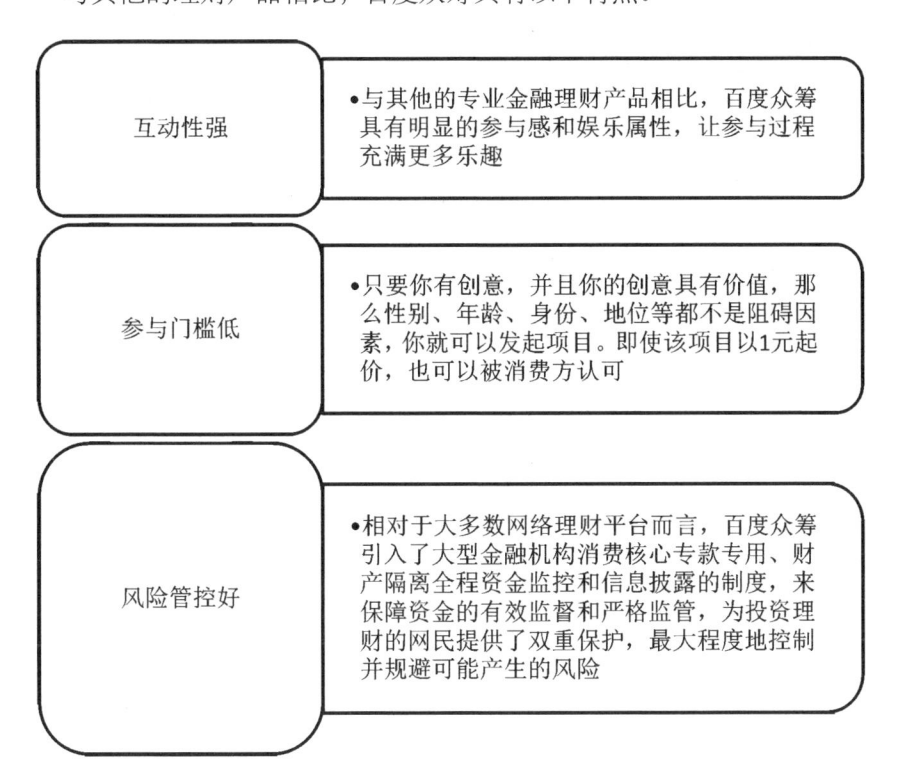

互动性强	• 与其他的专业金融理财产品相比，百度众筹具有明显的参与感和娱乐属性，让参与过程充满更多乐趣
参与门槛低	• 只要你有创意，并且你的创意具有价值，那么性别、年龄、身份、地位等都不是阻碍因素，你就可以发起项目。即使该项目以1元起价，也可以被消费方认可
风险管控好	• 相对于大多数网络理财平台而言，百度众筹引入了大型金融机构消费核心专款专用、财产隔离全程资金监控和信息披露的制度，来保障资金的有效监督和严格监管，为投资理财的网民提供了双重保护，最大程度地控制并规避可能产生的风险

■ 众筹参与流程

百度众筹的参与流程如下图所示。

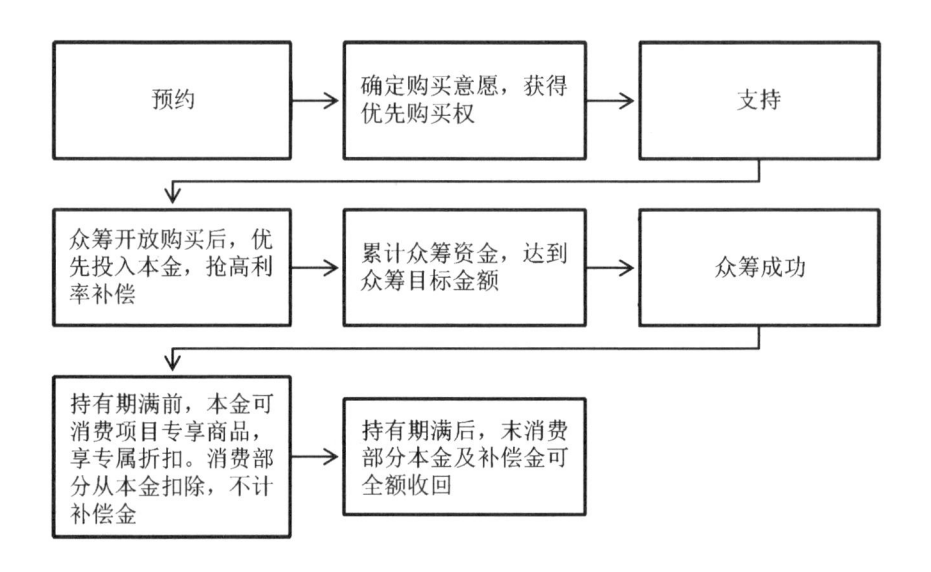

```
┌─────────┐    ┌──────────────┐    ┌─────────┐
│  预约   │──▶│确定购买意愿，│──▶│  支持   │
│         │    │获得优先购买权│    │         │
└─────────┘    └──────────────┘    └────┬────┘
                                        │
┌──────────────┐  ┌──────────────┐  ┌───▼─────┐
│众筹开放购买后│  │累计众筹资金，│  │         │
│，优先投入本金│─▶│达到众筹目标  │─▶│众筹成功 │
│，抢高利率补偿│  │金额          │  │         │
└──────┬───────┘  └──────────────┘  └─────────┘
       │
┌──────▼───────┐  ┌──────────────┐
│持有期满前，本│  │持有期满后，未│
│金可消费项目专│  │消费部分本金及│
│享商品，享专属│─▶│补偿金可全额收│
│折扣。消费部分│  │回            │
│从本金扣除，不│  └──────────────┘
│计补偿金      │
└──────────────┘
```

比如，A项目众筹1元起投，补偿金8%，持有期1年。你投本金5000元支持A项目。众筹成功后，1年持有到期可取回"本金+补偿金"，即5000×（1+8%）=5400元。1年内，本金可消费A项目专享折扣商品。消费部分将从本金扣除，不计算补偿金。若你累计消费2000元本金，则1年后将取回"本金+补偿金"，即（5000-2000）×（1+8%）=3240元。

本章精彩导读

什么是支付宝钱包
如何用支付宝理财
如何购买娱乐宝
如何玩转余额宝
芝麻信用,开启你的信用生活
支付宝钱包使用方法

第6章 支付宝钱包,"生活+理财"一站式解决

支付宝旗下的支付宝钱包,是拥有超4.5亿实名用户的生活理财服务平台。目前,支付宝已发展成为融合了支付、生活服务、社交、理财、保险等多个场景与行业的开放性平台。

除提供便捷的支付、转账、收款等基础功能外,支付宝钱包还能快速完成信用卡还款、充话费、缴水电燃气费等。通过芝麻信用还能累积信用。下面,跟随本章一起去玩转支付宝钱包,一站式解决生活和理财难题。

6.1 什么是支付宝钱包

支付宝，是大家耳熟能详的第三方支付平台，但是"支付宝钱包"却不大为人所知。这不由得让人好奇起来，支付宝钱包是什么？

支付宝钱包，是支付宝网络技术有限公司于2004年12月推出的集"在线支付"和"生活应用"为一体的手机APP。通过加密传输、手机认证等安全保障体系，最大程度地突破时间地点等客观条件的限制，免费为用户提供付款交易、话费充值、活期转账、还贷还款、购买彩票、缴水电燃气费等生活服务。

换句话说，支付宝钱包是国内领先的移动支付平台，是属于第三方支付平台（即支付宝）旗下的一个独立品牌，它的功能类似于网上钱包。那么，支付宝钱包又有哪些功能呢？

■ 支付宝钱包的五大功能

支付宝钱包主要有五大功能。

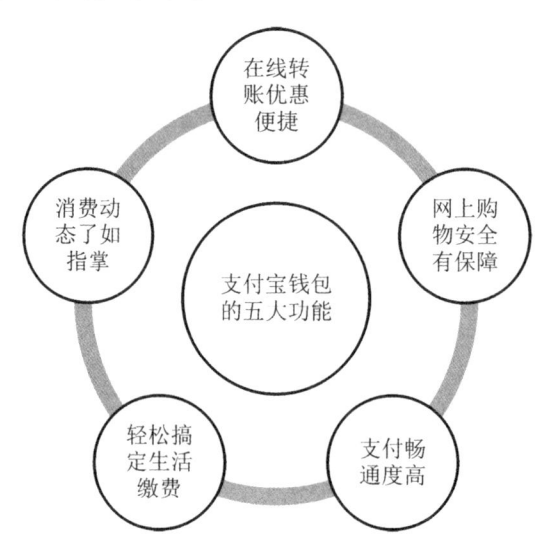

支付宝钱包的五大功能：
- 在线转账优惠便捷
- 网上购物安全有保障
- 支付畅通度高
- 轻松搞定生活缴费
- 消费动态了如指掌

(1) 在线转账优惠便捷

转账业务曾是银行办理频率最高的业务，同时也是最让人奔波的业务，因为它受到银行工作时间、最近网点距离等条件的影响，并且也会产生一笔手续费。但是如果用户用支付宝钱包办理在线转账业务的话，那么无需担忧所有上述问题，因为它不仅免收手续费，而且资金在数分钟内即可到账。

另外，支付宝钱包可以管理所有账户的信息，让网络生活变得更简单。

(2) 网上购物安全有保障

支付宝网络技术有限公司拥有业界公认的严格的安全技术和数据保密制度，作为旗下的产品，支付宝钱包能为用户提供资金和个人信息的安全保护，让用户可以放心进行网上购物及理财。

(3) 支付畅通度高

支付宝在推出支付宝钱包之初，就积极寻求战略合作伙伴，与中国五大银行及其他百余家银行和金融机构达成合作，尽可能地满足用户需求，灵活解决用户在支付过程中遇到的问题。

如果你的手头紧张，还可以向好友提出代付申请，以缓解自身的支付压力。

(4) 轻松搞定生活缴费

为各种生活缴费而取号排队的传统生活方式总会让人焦虑心烦。但是现在，不管是水电燃气缴费、信用卡还款，还是全国话费充值、IC卡充值办理等服务，你都可以滑动手机，即可快速缴费。这种便捷高效的方式，能为用户节约很多的时间和精力。

(5) 消费动态了如指掌

用户在使用支付宝钱包时，每笔消费都会产生电子记录。同时系统也会自动生成对账单反馈给用户，使用户对交易明细了然于心，进而制定出符合目前状况的消费计划，进行合理的理财。

■ 如何登录支付宝钱包

一般来说，登录支付宝钱包有用户名注册、银行卡绑定两个步骤。其具体登录步骤如下所述。

(1) 用户名注册

第一步：用手机打开支付宝钱包。如下图所示。

第二步：点击下方的"没账号？请注册"按钮。

第三步：输入昵称、手机号码，设置登录密码，点击"注册"按钮。

第四步：确认手机号码，点击"好"按钮。如下图所示。

第五步：输入短信验证码，点击"提交"按钮，完成注册。如下图所示。

第七步：进入支付宝钱包登录界面，输入账号和密码，点击"登录"按钮，完成登录操作。如下图所示。

（2）绑定银行卡

绑定银行卡的操作步骤如下所述。

第一步：登录支付宝钱包，点击右下方的"我的"按钮，点击上方"个人中心"，进入"个人中心"界面。点击"我的银行卡"按钮。如下图所示。

第二步：在"我的银行卡"界面，点击右上方的"+"按钮。如下图所示。

第三步：在"添加银行卡"界面，输入持卡人、卡号，点击"下一步"按钮。如下图所示。

第四步：在"填写银行卡信息"界面，选择银行卡类型，输入银行预留手机号码，点击"下一步"按钮。如下图所示。

第五步：填写短信校验码，点击"下一步"按钮，成功绑定银行卡。如下图所示。

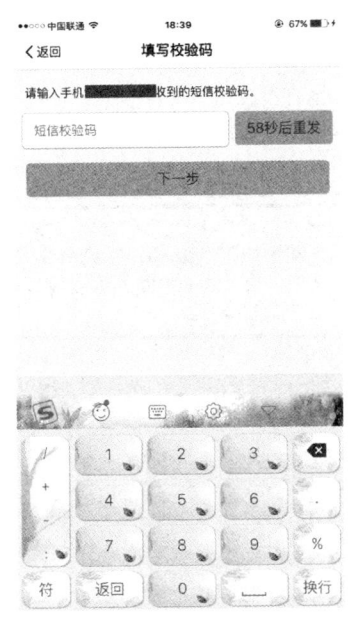

6.2 如何用支付宝理财

相信有过网购经历的人一定用过淘宝，而在淘宝买东西要使用支付宝支付。现在支付宝推出很多理财功能，下面介绍几个用支付宝理财的技巧。

- 信用卡还款，还款收益两不误

随着人均消费水平的提高以及信息网络技术的普及，有越来越多的人选择使用支付宝来办理还款业务。那么用支付宝办理还款业务究竟有什么好处呢？

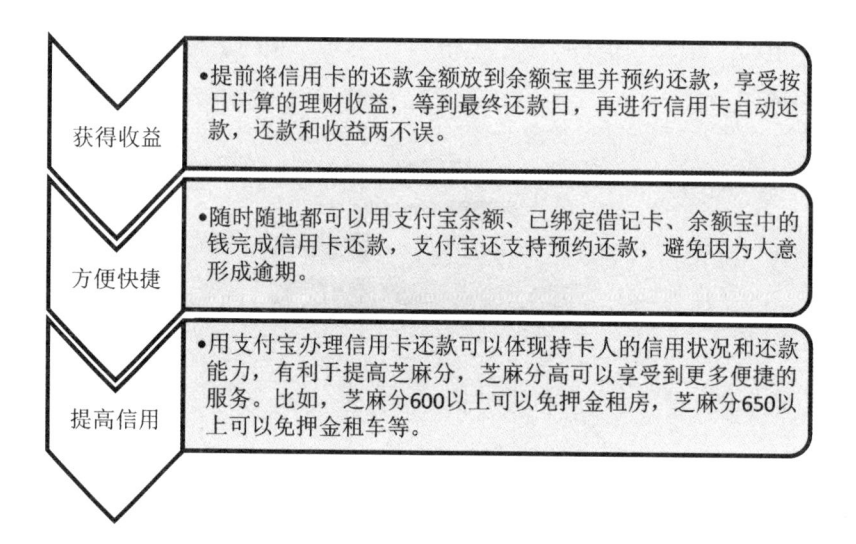

| 获得收益 | ● 提前将信用卡的还款金额放到余额宝里并预约还款，享受按日计算的理财收益，等到最终还款日，再进行信用卡自动还款，还款和收益两不误。 |

| 方便快捷 | ● 随时随地都可以用支付宝余额、已绑定借记卡、余额宝中的钱完成信用卡还款，支付宝还支持预约还款，避免因为大意形成逾期。 |

| 提高信用 | ● 用支付宝办理信用卡还款可以体现持卡人的信用状况和还款能力，有利于提高芝麻分，芝麻分高可以享受到更多便捷的服务。比如，芝麻分600以上可以免押金租房，芝麻分650以上可以免押金租车等。 |

用支付宝钱包办理还款的操作步骤如下所述。

第一步：登录支付宝钱包，在主界面点击"信用卡还款"按钮。如下图所示。

第二步：在"信用卡还款"界面，选择你要还款的信用卡。如果你还没有添加信用卡，点击上方的"+"按钮，添加你的信用卡。如下图所示。

第6章 支付宝钱包,"生活+理财"一站式解决

第三步:在"添加信用卡"界面,输入卡号、持卡人姓名,选择发卡银行,另外还可以选择是否进行还款提醒,输入完毕后,点击"确定"按钮。如下图所示。

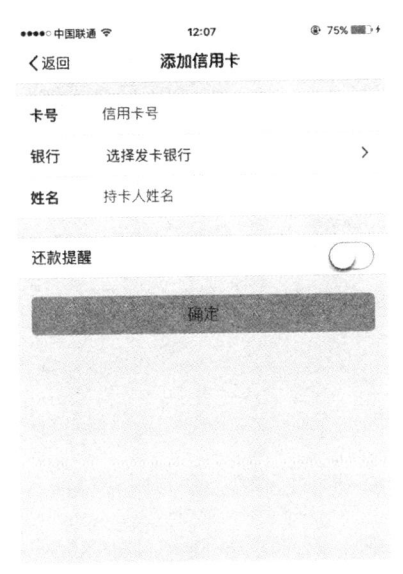

第四步:添加信用卡成功。返回"信用卡还款"界面,可以查看你添加的信用卡。如下图所示。

第五步：如需还款，点击你要还款的信用卡，进入还款界面。输入还款金额，点击"确认还款"。如下图所示。

第六步：输入支付密码，稍等片刻，信用卡还款成功。

■ AA收款，聚会付款不用愁

由于消费观念的改变，"AA制"在年轻人中间已成为一股潮流。但是这种消费方式也存在缺陷：在现金不够或者没有带足够零钱的情况下，怎样进行AA呢？

支付宝钱包里的"一起AA"功能可以很好地解决这个问题。你只要在手机上简单操作几下，就可以通过线上支付，将每人平摊的费用凑起来。

AA收款理财的具体操作步骤如下所述。

第一步：登录支付宝钱包，在"资金往来"中点击"AA收款"按钮。如下图所示。

第二步：在"AA收款"界面，有三个选项：聚会AA、活动收款、江湖救急。这里以日常生活中应用最多的"聚会AA"为例。点击"聚会AA"按钮。如下图所示。

第三步：输入金额和总人数，点击"确定"按钮。如下图所示。

第四步：点击"选择朋友收款"，选择要收款的朋友。如下图所示。

第6章　支付宝钱包，"生活+理财"一站式解决

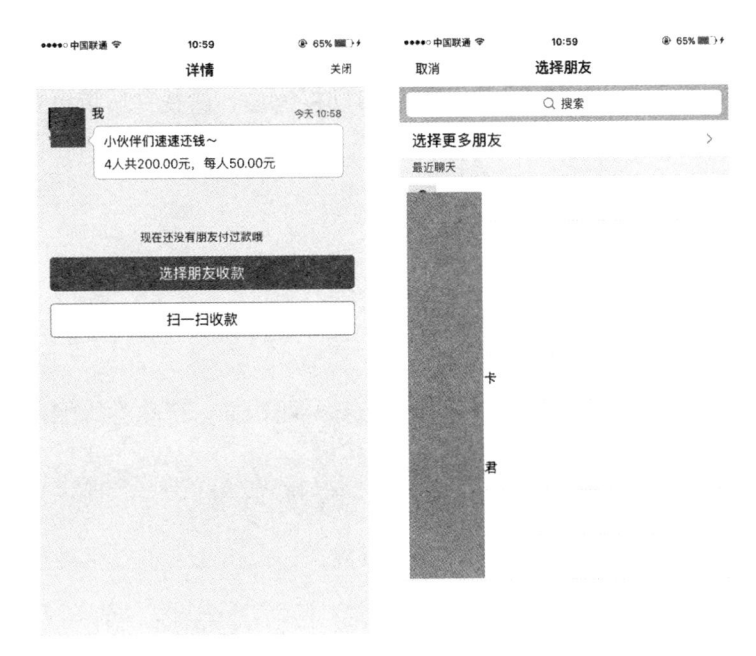

第五步：点击"发送"，收款通知发送给朋友。如下图所示。

每个账户每日可以发起10次AA收款，每次最多向50个人收款，可向每人最高收款2000元。

你的账户在当前界面实时更新并显示对应收款人的已付款状态。如果所有被收款对象均完成付款，系统自动提醒你，两秒钟后退出客户端首页。你也可以自行退出"AA收款"页面，返回支付宝钱包首页，进入"我的"页面查询账单明细。

■ 使用卡券，随时享受购物折扣

你可以将各种各样的卡券，如电影券、团购券、优惠券等加入到支付宝钱包中，随时随地管理与使用。

使用卡券的操作步骤如下所述。

第一步：登录支付宝钱包，在首页界面，点击上方的"卡券"按钮。如下图所示。

第二步：在"卡券"界面，选择你购买商品的卡券，点击进去。如下图所示。

第三步：查看卡券的详情，点击"去买单"按钮。如下图所示。

第四步：让商家扫描付款二维码，即可享受购物折扣。如下图所示。

6.3 如何购买娱乐宝

众所周知，阿里巴巴集团是中国电商巨头之一。2014年9月19日，阿里巴巴集团正式在纽约证券交易所挂牌上市，这标志着阿里巴巴成为全球电子商务的领导者。

2014年3月26日，阿里巴巴推出了一种全新概念的理财产品——娱乐宝。娱乐宝的面世，标志着阿里巴巴正式开始向文化娱乐产业进军。

与"余额宝"不同的是，"娱乐宝"本质上是一款互联网娱乐产品和粉丝互动娱乐平台，它通过集资的方式，使用户参与到热门娱乐文化项目中。

"100元即可投资热门影视剧""预期年化收益率7%"等广告语，在短期内吸引了广大网民的关注。在短短的四天里，阿里巴巴的娱乐宝获得了超过70万份有效订单，成功完成了7300万元的预期目标。6月10日，阿里巴巴乘胜追击,推出了娱乐宝二期。

与娱乐宝一期相比,娱乐宝二期提升了投资项目的资金上限,由1000元提升至2000元。但是与此同时,二期也保持了同样的预期年化收益率。在上线的数百小时里娱乐宝二期即全部售罄,快速完成了9200万元的资金目标。这两次发售,使阿里巴巴"娱乐宝"共计筹集了1.65亿元资金。

为什么阿里巴巴娱乐宝能取得这样的成功?我们下面从三个方面探讨其成功的原由。

■ 娱乐宝的运作模式

实际上,阿里巴巴娱乐宝通过保险渠道将所筹集的资金给予信托基金公司,再由信托基金公司将这笔资金投放在影视、网游等项目。

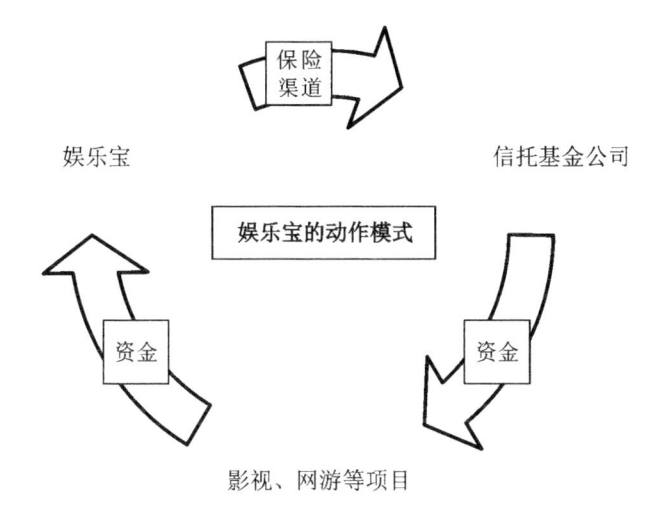

娱乐宝的动作模式

娱乐宝　　　　　　　　　　信托基金公司

保险渠道

资金

资金

影视、网游等项目

具体来说,娱乐宝是阿里巴巴与国华人寿保险公司合作推出的一款名为"国华华瑞1号终身寿险(投资连结型)A款"的产品。该产品与其他的保险产品一样,为投保人提供意外身故的保险金。

然而,该产品除了具有保障的功能外,同时兼有投资的功能。国华人寿保险公司将筹集的保费通过信托基金的渠道投资于电影和网络游戏等项目中，这些活动的收益多少直接决定了该产品的价值多少。

在保险学上，这种保险产品被称为投连险，其更倾向于以投资为目的，属于保险公司提供的一种新型理财产品。

值得注意的是，"国华华瑞1号终身寿险（投资连结型）A款"（即娱乐宝）具有7%的预期年化收益率，但是也存在着极高风险。再加上没有一定的投资担保公司进行担保，娱乐宝本质上来说也属于高风险的理财产品。

据相关新闻报道，娱乐宝一期投资的项目有四部国产电影和一个网络游戏，二期投资的项目包括五部国产电影。

由此可见，电影是娱乐宝重要的投资对象。

根据相关数据显示，国产电影在2007年至2013年累计的投资回报率约为-42%，整体处于亏损状态。与此同时，成功上映比率仅约为5%，绝大部分国产电影最终无法在影院上映。

尽管近几年国产电影的上映比率有所提高，但年均也不超过10%，这意味着每10部国产电影里只有1部能成功上映。虽然电影市场的票房每年都在增长，但这并不能否定投资国产电影存在着极高风险的事实。

■ 购买娱乐宝的操作流程

对于粉丝来说，娱乐宝可以充分满足他们的娱乐需求。购买娱乐宝，意味着你本人不仅有机会去剧组探班，还有机会亲临影视剧的主创见面会、拥有独家授权发行的电子杂志，以及获得明星签名照、与明星近距离互动等。

换句话说，在娱乐宝里，你和明星之间的一切都有可能发生。既然娱乐宝有这么多"福利"，那么，用户应该怎样购买娱乐宝呢？

利用支付宝钱包购买娱乐宝的操作流程如下所述。

第一步：登录支付宝钱包，点击首页的"全部"按钮。如下图所示。

第6章 支付宝钱包，"生活+理财"一站式解决

第二步：在"搜索"窗口里输入"娱乐宝"，点击"娱乐宝"。如下图所示。

第三步：在娱乐宝页面选择你想投资的电影项目，点击进去，即可查看项目详情。如下图所示。

183

第四步：认真查看项目详情，确认自己的投资意向。确定投资，点击下方的"我要支持"按钮。如下图所示。

第五步：进入"查看支持内容"页码，在上方有风险提示，认真查看

第6章 支付宝钱包,"生活+理财"一站式解决

"风险提示"。如下图所示。

第六步:查看你要支持的项目详情,点击"立即支持"按钮,出现"提示"界面。上面会显示发货时间、风险,认真阅读后,点击"我了解了,去买!"。如下图所示。

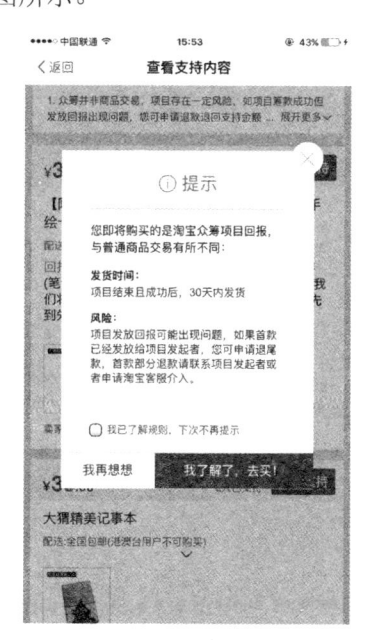

第七步：进入"确认订单"页面，点击"提交订单"，输入支付密码，购买娱乐宝成功。如下图所示。

■ 娱乐宝的投资收益与风险分析

娱乐宝的收益如下图所示。

娱乐宝的收益　　娱乐宝的预期年化收益率为7%。

娱乐宝的收益率比"余额宝"的收益率要高得多，因此也会吸引更多的潜在投资者和购买者。

但是，在投资理财领域，收益与风险呈正比关系，收益越高，风险也就越大。尽管娱乐宝给出了这样高的预期年化收益率,但是这个数值只是发起人根据目前市场情况,结合历史数据估算出来的一个参考收益率,并不是投资者的实际到期收益率。

换句话说,7%只是理论上的预期年收益率,实际上的收益率可能并非如此。娱乐宝的收益存在很大的不确定性。

上文已经说到,阿里巴巴娱乐宝每期所投资的项目都集中在电影产业。因此,该项投资的收益受电影产业的单一行业风险影响较高。电影票房的增长与电影投资的收益率并不存在着关系。

就像投资石油业一样,花大钱挖出来的井如果是"干井",则意味着血本大亏。每年有九成的电影作品因各种条件所限,无法上映。对于投资人来说,这无异于打了水漂。

当然,如果投资者寄望于冯小刚、张艺谋等具有市场号召力的导演,不仅能拍出具有鲜明个人风格的电影,也可以保证资金的回收和市场票房的盈利,真正做到"赢者通吃"。

相比起与之类似的互联网金融理财产品余额宝、理财通等投资工具,娱乐宝的投资流动性稍弱,投资风险较高。虽然有投连险所赋予的10天犹豫期,但是会收取相应的手续费。一年内领取或退保收取3%的手续费。

所以,几番比较下,阿里巴巴旗下的其他理财产品的优势使娱乐宝相形见绌。

6.4 如何玩转余额宝

余额宝,是由支付宝钱包开发的具有"挣钱功能"的互联网理财产品。它彻底地把用户的"电子钱包"变成了"会挣钱的电子钱包"。

余额宝理财有以下五大特点。

低门槛	零费用	收益高	随用随取	保障安全
•1元起存	•免基金申购费、赎回费、管理费等	•复利性质，让你钱生钱	•随时转入、转出或消费	•如核实账户被盗属实，支付宝将做出补偿

当你把银行账户里的资金或者支付宝里的资金转入余额宝后，就意味着你已经购买该项基金理财产品。相比起直接进行债券投资或购买银行理财产品，余额宝最大的优势在于它具有较高的资金流动性，当天收益当天到账。

我们都知道，银行活期存款的利率低、收益稳定，并且风险极低。与活期存款利息相比，余额宝为基金收益，相对收益较高，风险略高。

但是，由于余额宝是支付宝推出的一项功能，所以支付宝会为你提供一定的资金担保。你不但可以直接消费余额宝里面的资金，也可以再将其转回到支付宝当中。

而余额宝与一般货币基金的最大不同，就在于你可以随时用余额宝的资金进行消费。一般的货币基金赎回需要等两个工作日资金才能到账。举例来说，如果你将50万元存款转入余额宝，那么你每天平均收益至少60元。一个月后，你至少可收益1800元。再加上支付宝的复利投资模式（即当天产生的收益，在第二天会计入本金），你的预期年收益可达到2.4万元。

这样看来，你可享受4.8%的年利率。对于50万元的本金来说，2.4万元的收益真的不算少了。

也有人会好奇，为什么会有越来越多的人选择购买余额宝这类互联网理财产品而不是传统的银行理财或投资产品呢？

我们可以从以下三点来分析余额宝的优势。

> 余额宝能实时提现，银行理财产品则无法做到

> 对于一个非常保守的理财者，在不能接受任何本金损失的情况下，基本只能在银行做保本型理财产品。这种理财产品年利率基本在4.5%上下浮动，其收益还不如支付宝

> 余额宝内的资金还是比较安全的，除非你的手机丢了，又让人家知道了支付密码。同时，支付宝也承诺100%赔偿被盗资金

由此可见，对于保守型的投资者、没有长期投资计划的投资者或是刚踏入社会、不善于理财的职场新人来说，余额宝是可以在短期内取得一定收益的选择。

下面，让我们一起来看看使用余额宝理财的使用技巧。

■ 将资金转入余额宝

你可以通过支付宝的手机客户端，随时随地将资金转入到余额宝中。其具体操作流程如下所述。

第一步：登录支付宝钱包，点击右下方"我的"按钮。

第二步：在界面找到"余额宝"，点击进入。如下图所示。

第三步：在"余额宝"界面，点击右下方"转入"按钮。如下图所示。

第四步：输入你需要转入的金额，点击"确认转入"按钮。如下图所示。

第6章　支付宝钱包，"生活+理财"一站式解决

第五步：弹出"请输入支付密码"对话框，在"支付密码"界面输入相应密码。进入"结果详情"界面，点击"完成"按钮，资金转入余额宝成功。如下图所示。

在余额宝首页的"总金额"这里,可以看到你转入的资金。如下图所示。

■ 将资金转出余额宝

一般来说,使用手机转出资金,只需要两个小时即可到账。

转出的操作流程和转入的操作流程相似,这里就用流程图来告诉大家如何将资金转出余额宝。

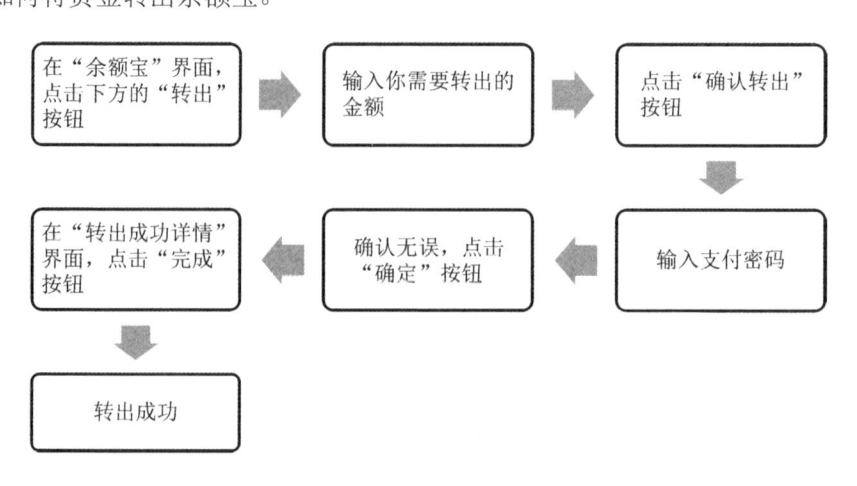

在"余额宝"界面,点击下方的"转出"按钮 → 输入你需要转出的金额 → 点击"确认转出"按钮 → 输入支付密码 → 确认无误,点击"确定"按钮 → 在"转出成功详情"界面,点击"完成"按钮 → 转出成功

转出成功后，如果你想查看转入、转出的明细，点击余额宝界面右上方的按钮，即可查看交易明细。如下图所示。

■ 如何获得收益

余额宝的收益是指你购买理财产品所产生的利息。就好像你存在银行里的钱会产生利息一样，购买余额宝也会产生收益。

余额宝的收益是跟着资金利率走的，资金利率走高时，余额宝的收益也高。资金利率走低，余额宝的收益也降低。如果货币市场走弱，余额宝的收益回归将是一个稳定的过程，不会突然掉下来。

你转入余额宝的资金在第二个工作日由基金公司进行份额确认，对已确认的份额会开始计算收益。收益计入你的余额宝资金内，你可以在份额确认后的第二天15点后查看收益。

作为一款货币基金，余额宝遵循着以工作日（不包含周末和节假日）15∶00为临界点的规则，超过15∶00就算第二天的交易。所以，请谨记一定要在周四15∶00点前转入，否则转入资金需要过一个周末才会做份额确认。

如下表所示，根据你转入的时间，可以对照支付宝账户收益的显示时间。

转入时间	首次计收益显示时间
周一15：00~周二15：00	周四
周二15：00~周三15：00	周五
周三15：00~周四15：00	周六
周四15：00~周五15：00	下周二
周五15：00~下周一15：00	下周三

■ 如何计算收益

余额宝每天的收益都不同，其计算公式如下：

$$余额宝收益 = \frac{已确认份额}{10000} \times 当日万份收益$$

例如，你有10000元已确认份额，当日万份收益是0.8，那么你的余额宝收益就是：

$$\frac{10000}{10000} \times 0.8 = 0.8（元）$$

你每天的收益就是8角钱。

余额宝转入金额为100元以上，可以有较高概率看到收益。若当天收益不到1分钱，系统可能不会分配收益，且也不会累积。

那么，如何查看收益呢？其操作步骤如下所述。

第一步：手机登录支付宝钱包，点击"我的"按钮。进入余额宝的主界面，即可查看昨日收益。

第二步：点击"七日年化（%）"，即可查看近一个月平均收益率及收益详情。如下图所示。

日期	收益率
2016-08-10	2.3640%
2016-08-09	2.3710%
2016-08-08	2.3720%
2016-08-07	2.3720%
2016-08-06	2.3730%
2016-08-05	2.3740%
2016-08-04	2.3750%
2016-08-03	2.3740%
2016-08-02	2.3670%
2016-08-01	2.3680%
2016-07-31	2.3700%
2016-07-30	2.3710%

近一月平均收益率 2.3985%

6.5 芝麻信用，开启你的信用生活

芝麻信用，是蚂蚁金服旗下独立的第三方征信机构。通过云计算、机器学习等技术客观呈现个人的信用状况，已经在信用卡、消费金融、融资租赁、酒店、租房、出行、婚恋、分类信息、学生服务、公共事业服务等上百个场景为用户和商户提供信用服务。简而言之，芝麻信用是依据互联网和大数据而设计的信用体系。

芝麻信用从用户信用历史、行为偏好、履约能力、身份特质、人脉关系五个维度来对用户进行信用测评。芝麻信用与传统征信数据不同，它以阿里巴巴的电商交易数据和蚂蚁金服的互联网金融数据为基础，并与政府部门以及第三方公共机构建立数据合作，覆盖了诸如信用卡还款、网购、水电燃气缴费、住址搬迁历史等各方面的社会信息和电子记录。

归根结底,"芝麻信用"是一套征信系统,该系统收集来自政府、金融系统的数据,还会充分分析用户在淘宝、支付宝等平台的行为记录。

那么,芝麻信用有什么优势呢?

■ 芝麻信用的优势

芝麻信用有三大优势。

实名认证	数据处理能力强	行业洞察深刻
• 芝麻信用所有开通用户均为实名认证用户,覆盖广泛,许多原来传统征信没有信贷记录的人群,也开始有了属于自己的信用评价	• 芝麻信用的数据覆盖借贷、支付、出行、住宿、公益等数百种场景,包括电商数据、互联网金融数据、公共机构数据、合作伙伴数据、用户上传数据等,能很好地刻画信用状况	• 芝麻信用聚集了多位具备国际风险管理和信用管理系统建设经验的全球顶尖数据科学家和金融行业翘楚,深度融合了传统信用评估和"互联网+"创新信用评估,对行业具有丰富的经验和深刻的洞察

■ 芝麻信用的应用

芝麻信用在公测期间,就在租车、租房、婚恋、签证等多个领域选择好了合作伙伴。芝麻信用还将为用户提供更多的服务。

举例来说,如果用户的芝麻分达到一定数值,那么不管是租车还是预定或住酒店,用户都可以享受免交押金的特殊待遇。即使办理签证业务,也无需提供存款证明。

2016年5月,光大银行宣布与蚂蚁金服旗下芝麻信用合作,将芝麻信用全产品体系引入到银行的用户信用测评过程中,作为发放信用卡和风险控制的重要参考依据。目前，芝麻信用评分、信息验证服务（IVS）、行业关注名单等芝麻产品作为贷前产品，已在光大信用卡风控体系中得到应用。

下表为芝麻信用的应用表。

芝麻信用分	应用				
600~650分，无不良记录	免押金租用城市自行车	阿里旅行多间酒店享受信用住	阿里旅行深圳华侨城先旅游后付费	租房减免押金	享受"花呗"额度
650~700分，无不良记录	神州租车、一嗨租车免押金租车			分期申请线上极速贷款	
700分以上，无不良记录	方便申请新加坡签证				

■ 芝麻信用评分

芝麻信用评分，是在用户认证授权的前提之下，依据用户各维度数据（涵盖金融借贷、转账支付、投资、购物、出行、住宿、生活、公益等场景），运用云计算及机器学习等技术，通过逻辑回归、决策树、随机森林等模型算法，对各维度数据进行综合处理和评估。

在用户信用历史、行为偏好、履约能力、身份特质、人脉关系五个维度客观呈现个人信用状况的综合评分。

芝麻分的范围一般在350到950分。分值高低与信用水平高低呈正比关系，芝麻分越高，表示用户信用水平越好；芝麻分越低，表示用户信用水平越低。而相关的客户记录也显示，得分越高的用户，在金融借贷、生活服务等场景中违约率越低。

总的来说，拥有较高芝麻分的用户，可以获得银行提供的更高效优质的服务。

芝麻信用评分由五大部分构成。

信用历史	•过往信用账户还款记录及信用账户历史
履约能力	•稳定的经济来源和个人资产
行为偏好	•在购物、缴费、转账、理财等活动中的偏好及稳定性
人脉关系	•好友的身份特征以及跟好友的互动程度
身份特质	•在使用相关服务过程中留下的足够丰富和可靠的个人基本信息

■ 如何提高芝麻分

提高芝麻分有四大技巧，如下所示。

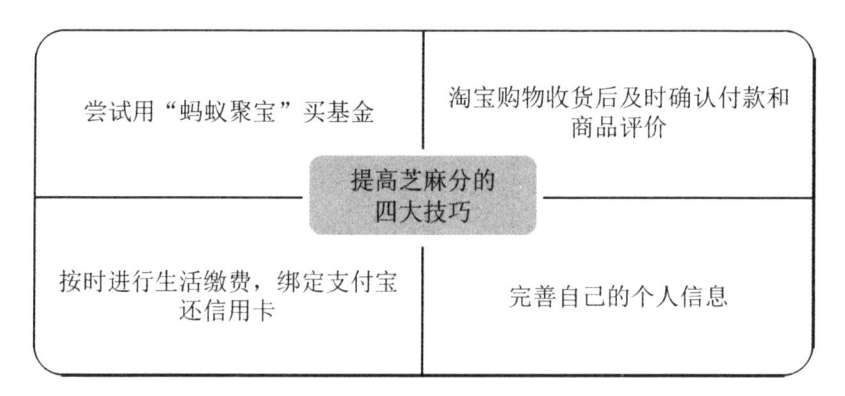

尝试用"蚂蚁聚宝"买基金	淘宝购物收货后及时确认付款和商品评价
	提高芝麻分的四大技巧
按时进行生活缴费，绑定支付宝还信用卡	完善自己的个人信息

(1) 淘宝购物收货后及时确认付款和商品评价

大多数淘宝买家在收到货后并不能及时做出确认收货和商品评价，一方面是由于工作原因无法抽出时间来，另一方面则是由于自己比较懒惰，没有及时回复的意识。但是却很少有人知道，这个小毛病会对我们芝麻分的积累产生影响。

实际上，芝麻分的积累和买家购物量的多少之间并不存在任何关联，只有你及时更新自己的收货质量信息并作出评价，才能取得一定的芝麻分。用户操作越频繁，就越有可能得到高分。

（2）按时进行生活缴费，绑定支付宝还信用卡

水电燃气费是用户每月必需进行的生活基本开销，但是对于大多数年轻的上班族而言，他们并没有多少空闲时间专门去缴费。所以很多上班族选择通过支付宝在网络上完成支付，这样不仅方便迅捷，也可以不影响自己的个人休息时间。

与此同时，用户绑定支付宝来缴纳水电燃气等费用或者信用卡还款，也可以积累个人信用。

（3）尝试用"蚂蚁聚宝"买基金

"蚂蚁聚宝"是一款独立APP，登录账号就是用户的支付宝账号。尽管"蚂蚁聚宝"上的基金购买的最低限度比其他网站高得多，但是你也可以享受一折优惠。如果你收入较为稳定的话，不妨考虑尝试用"蚂蚁聚宝"来买基金。

（4）完善自己的个人信息

用户需要点击芝麻信用中评分页面的"信用提升"，及时完善自己的个人信息。阅读"芝麻习惯"，从而掌握积累起个人信用积分的有效方法。

如果用户对"芝麻任务"感兴趣的话，也不妨体验一下，说不定会有意想不到的惊喜。

■ 如何利用芝麻分享受"零押金"入住酒店

利用芝麻分享受"零押金"入住酒店的操作步骤如下所述。

第一步：登录支付宝钱包，点击"我的"。在"我的"界面，点击"芝麻信用"按钮。如下图所示。

第二步：在"芝麻信用"主界面，点击右下方的"信用生活"按钮。如下图所示。

第三步：在"信用生活"的主界面，选择"旅行住宿"，点击你选择的酒店平台。目前，支付宝钱包提供的酒店平台有：未来酒店、小猪短租、木鸟短租等。如下图所示。

第四步：这里以"未来酒店"为例进行演示。点击"未来酒店"。在"阿里旅行未来酒店"界面，点击"点击预订酒店"按钮。如下图所示。

第五步：在"酒店搜索"界面，输入酒店信息。包括居住地、居住时间、酒店名等，点击"开始搜索"按钮。如下图所示。

第六步：系统自动跳转至"酒店列表"，仔细比对各个酒店，选择你要入住的酒店。如下图所示。

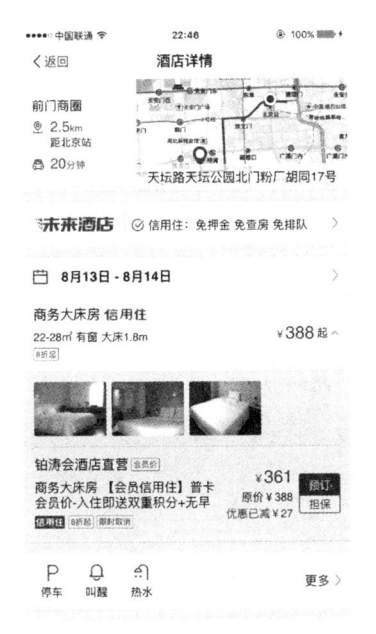

第七步：在"酒店详情"界面，选择入住酒店的房间类型。如下图所示。

第八步：点击"预订"按钮，填写订单信息，包括房间数、入住人、手机号等，填写完毕，点击"去担保"按钮。如下图所示。

第九步：输入支付密码，点击"下一步"按钮，预订酒店成功。如下图所示。

接下来，如期前往预订酒店，到达酒店前台后不需要任何担保、押金，拿卡后即可入住，等到要离开的时候，只需到前台交卡，直接退房离店即可。

使用"酒店后付"的订单，系统会在你离店后2小时内发起扣款通知，系统会自动从你的账户扣款，你只需要确保自己的支付宝、余额宝或快捷支付银行卡里面有足够的余额就行了。

■ 如何租车免押金，轻松出行

利用芝麻分租车免押金的操作步骤如下所述。

第一步：在"信用生活"的主界面，选择你要租车的平台，这里以神州租车为例进行步骤演示。如下图所示。

第6章 支付宝钱包,"生活+理财"一站式解决

[图：信用生活界面截图,显示轻松出行、旅行住宿、信用租房等分类]

第二步:点击"神州租车"。在"神州租车"主界面,点击"马上试试"按钮。如下图所示。

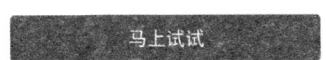

[图：神州租车界面截图,显示免预授权租车及"马上试试"按钮]

205

第三步：在"神州租车"主界面，点击"立即申请"按钮。如下图所示。

第四步：输入个人信息，包括姓名、身份证号、邮箱。输入完毕，点击右上角的"继续"按钮。如下图所示。

第五步：在"芝麻信用"授权界面，仔细阅读授权内容，点击"同意

授权"按钮。如下图所示。

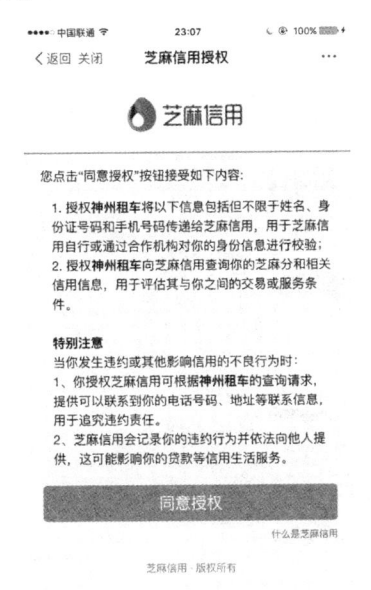

第六步：输入短信验证码，点击"提交"按钮。

第七步：在"短租业务"界面，输入你要取车的城市、门店、取车时间、是否上门送车等，点击"立即去选车"按钮。如下图所示。

第八步：在"车型列表"里选择你要租车的车型。如下图所示。

第九步：查看费用，点击"下一步"按钮。如下图所示。

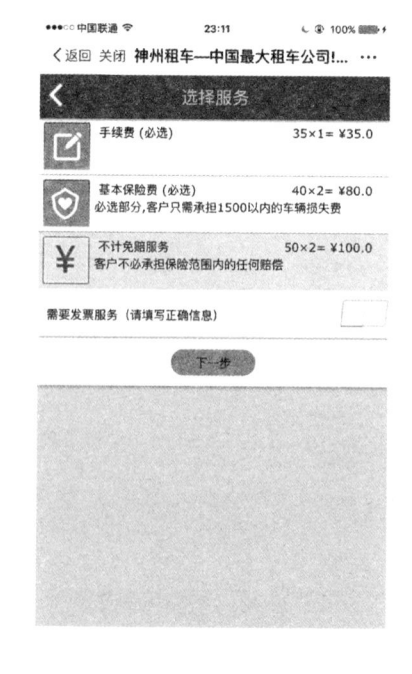

第十步：确认订单，点击"提交订单"按钮。输入支付密码，租车免押金成功。如下图所示。

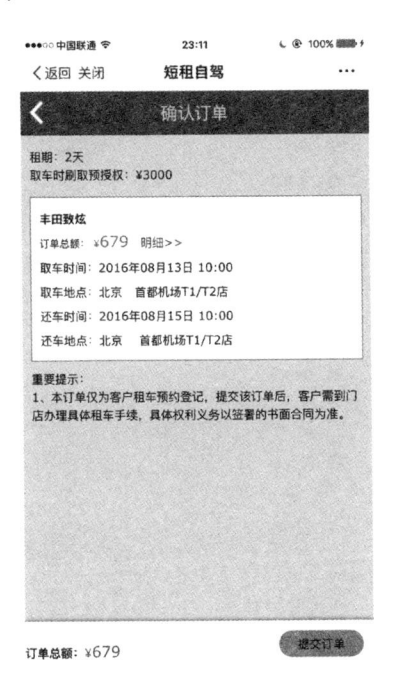

6.6 支付宝钱包使用方法

支付宝钱包提供的付账、账户充值、查看历史账单、生活缴费和手机充值等，几乎涵盖了生活当中所有可支出的项目。本节主要介绍支付宝钱包使用方法。

- 支付宝钱包的支付设置

支付宝钱包的支付设置步骤如下所述。

第一步：登录支付宝钱包，点击右下方"我的"按钮。

第二步：在"我的"界面，点击右上方的"设置"按钮。如下图所示。

第三步：点击"支付设置"按钮，在"支付设置"界面，有"免密支付""扣款顺序""优先使用集分宝"按钮。如下图所示。

第四步：点击"免密支付"，选择"小额免密支付"，输入支付密码。

第五步：在"小额免密支付"界面，开启按钮。如下图所示。

第六步：选择金额。免密设置成功。下次你的支付金额在免密金额以内时，不需要输入支付密码即可进行支付。

第七步：回到"支付设置"界面，选择"扣款顺序"，进入"默认付款方式"界面。如下图所示。

第八步：你可以打开系统自动选择按钮。也可以拖动付款方式，让优先付款排在第一位。如下图所示。

■ 如何用支付宝钱包转账

用支付宝钱包转账有三种方式：转给朋友、转到支付宝账户、转到银行卡。下面分别对这三种方式的操作流程进行演示。

(1) 转账给朋友

第一步：登录支付宝钱包，在主界面点击"转账"按钮。如下图所示。

第二步：在"转账"界面，你可以选择转账类别，包括"转给我的朋友""转到支付宝账户""转到银行卡"，点击"转给我的朋友"按钮。如下图所示。

第三步：在"选择朋友"界面，点击你要转账的朋友。如下图所示。

第四步：在"转到支付宝账户"界面，输入转账金额，点击"确认转

账"按钮。如下图所示。

第五步：输入支付密码，点击"确定"按钮，转账成功。

（2）转到支付宝账户

第一步：登录支付宝钱包，在主界面点击"转账"按钮。在"转账"界面点击"转到支付宝账户"。如下图所示。

第二步：输入对方支付宝账户，点击"下一步"按钮。如下图所示。

第三步：输入转账金额，点击"确认转账"按钮。如下图所示。

第四步：输入支付密码，点击"确定"按钮，转账成功。

（3）转到银行卡

第一步：登录支付宝钱包，在主界面点击"转账"按钮。在"转账"

界面点击"转到银行卡"。

第二步：输入姓名、卡号、银行、金额，点击"下一步"按钮。如下图所示。

第三步：确认转账信息，点击"确认转账"按钮。如下图所示。

第四步：输入支付密码，点击"确定"按钮，转账成功。

■ 如何给支付宝账户充值

第一步：登录支付宝钱包，在主界面点击下方"我的"按钮。如下图所示。

第二步：在"我的"界面，点击"余额"按钮。如下图所示。

第三步：在"余额"界面，点击"充值"按钮。如下图所示。

第四步：输入金额，点击"下一步"按钮。如下图所示。

第五步：输入支付密码，点击"确定"按钮。
第六步：充值成功，点击"完成"按钮。如下图所示。

第七步：系统转至"余额"界面，你可查看余额。如下图所示。

- **如何查看历史账单**

你在支付宝钱包的每笔收支、消费记录，已经下单未付款的项目都可在账单记录中查看。

查看历史账单的操作步骤如下所述。

第6章 支付宝钱包，"生活+理财"一站式解决

第一步：登录支付宝钱包，在主界面点击"全部"按钮，找到"便民生活"。如下图所示。

第二步：在"便民生活"项下，点击"记账本"按钮，即可查看近期的交易明细。如下图所示。

第三步：点击任一明细，即可进入"详情"界面，即可查看账单详情，包括收付款单位、金额、交易时间等。如下图所示。

第四步：你还可以在"记账本"界面，点击"类别报表"按钮，查看你当月所有总支出和收入记录。如下图所示。

■ 如何用支付宝钱包进行生活缴费

用支付宝钱包进行生活缴费的操作步骤如下所述。

第一步：登录支付宝钱包，在主界面点击"全部"按钮。如下图所示。

第二步：在"便民生活"项下，点击"生活缴费"，你可选择缴电费、水费、有线电视费、固话宽带费和物业费等。如下图所示。

第三步：选择你要缴费的类别，点击进去。各类缴费的操作步骤大致相似，这里以缴电费为例。点击"电费"。如下图所示。

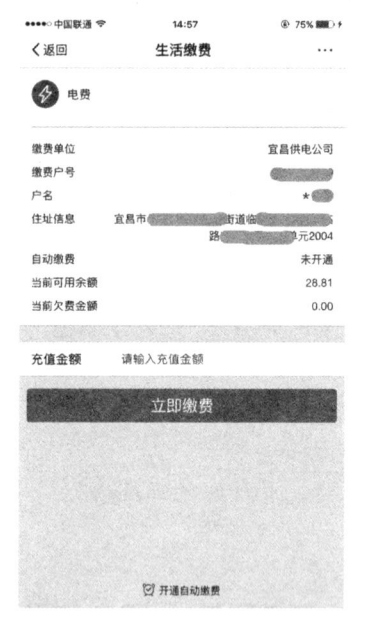

第四步：输入缴费金额，点击"立即缴费"按钮。确认付款详情，点击"确认付款"按钮。输入支付密码，缴费成功。如下图所示。

第6章 支付宝钱包,"生活+理财"一站式解决

■ 如何给手机充值

通过支付宝钱包,能方便快捷地使用支付宝账户为自己或他人的手机充值,无须外出缴费。其操作步骤如下所述。

第一步:登录支付宝钱包,在主界面点击"充值中心"按钮。如下图所示。

第二步:输入手机号码,选择充值金额。如下图所示。

第三步：确认付款详情，点击"确认付款"按钮，输入支付密码，充值成功。如下图所示。

本章精彩导读

什么是腾讯理财通
腾讯理财通提供的理财产品
如何购买腾讯理财通产品
安全卡的使用
腾讯理财通之货币基金投资攻略

第7章 腾讯理财通,随时随地无缝理财

腾讯理财通提供了一种全新的投资理财渠道,这对于个人理财,实现财富保值增值,甚至是财务自由都有很大的帮助。因此,玩转腾讯理财通就成为理财达人必备的技能之一。

7.1 什么是腾讯理财通

移动互联网的发展速度超乎人们的想象，一时间，各大互联网公司都在想方设法拿到登上这艘大船的"船票"。

微信的爆发，引发了多米诺骨牌效应，给移动互联网带来强烈的震撼。如今微信早已不再是纯粹的社交软件，而是集合了各种服务的窗口，囊括了生活的方方面面。如转账、手机充值、购买机票火车票、缴水电煤宽带固话费等功能，还可以购买电影票、吃喝玩乐、购衣买物等。尤其是腾讯理财通的出现，更是颠覆了人们传统的理财方式和理财观念。

2014年1月22日，腾讯理财通在微信平台正式上线，是腾讯联合多家金融机构为用户提供的多样化的理财服务平台。用户可以通过理财通购买相关理财产品，自此互联网"宝宝"类大军里又添加了一位新成员，这是腾讯应对互联网金融竞争的一大举措。

理财通和金融机构分工合作。理财通作为服务平台，协助金融机构为用户提供相关的金融开户、投资理财、信息查询、收益分配、支付清算等相关服务。用户则通过理财通平台，自由选购适合的理财产品。

理财通让理财变得简单、容易，只要有网络，人们随时随地都可以通过理财通进行理财。

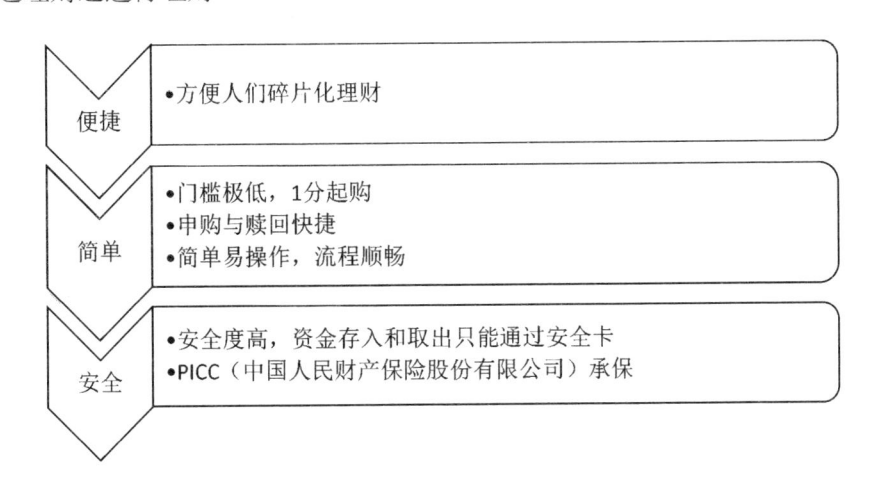

便捷	•方便人们碎片化理财
简单	•门槛极低，1分起购 •申购与赎回快捷 •简单易操作，流程顺畅
安全	•安全度高，资金存入和取出只能通过安全卡 •PICC（中国人民财产保险股份有限公司）承保

这里需要注意的是，理财通只是一个平台，不直接提供金融产品，因此不需承担风险。

金融机构提供金融产品，包括金融产品的设计、类型、购买方式，以及投资方向的确定等，需对用户的投入资金负责，承担风险。

理财通就像是一个超市，不过与普通超市不同的是，这里上架的是各种理财产品。用户可以根据自身的实际情况进行选择，尤其要考虑到自身的风险承受能力，不要贪图收益而忽略了其背后的风险，毕竟即使是货币基金理财，也是有风险的。

理财新人平时可以多浏览下理财通，尤其多看看"今日投资必读"和"理财通大讲堂"，能够了解投资信息。在"理财通大讲堂"里能了解到不少金融知识和功能科普，学习理财妙招，了解热点资讯等。

另外，还可以看看理财通的其他功能。如还房贷，可以帮助你每月定时将理财通货币基金里的资金转出到银行卡上，自动还款，一次设置月月省心。在还房贷前这笔资金还可以买入货币基金享受收益，可谓一举两得。

7.2 腾讯理财通提供的理财产品

理财通目前提供以下四类理财产品。

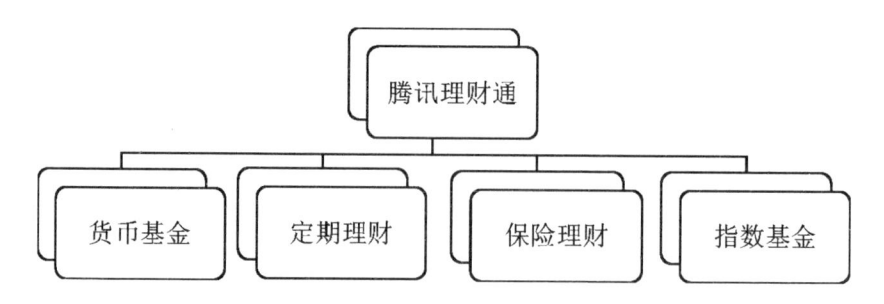

```
                    腾讯理财通
        ┌──────────┬──────┴──────┬──────────┐
      货币基金    定期理财      保险理财    指数基金
```

- 低风险：货币基金

货币基金的投资风险较低，且可以随时申购和赎回。这种基金的投资范围主要是银行定期存款、债券、央行票据等短期有价证券。

与银行存款不同，其收益通常会超过银行活期存款利率，甚至在某些情况下，比银行定期利率也要高。跟股票型、债券型、混合型基金相比，从货币基金的投资组合来说，发生亏损的可能性很小，但并非完全不会产生亏损，当投资发生违约时，则可能会面临亏损。不过这种情况毕竟是少数，因此，如果你追求平稳投资，则可以尝试货币基金进行理财。

- 低风险：定期理财

定期理财产品相当于短期理财债券型基金，这是一种较低风险的理财品种，通过定期方式来减少资金的流动性，以便获取比货币基金更高的收益。

由于具有风险较低的特点，因此定期理财产品投资范围很受限，和货币基金的投资范围基本相同，局限于风险较低的现金、大额存单、国债、企业债、金融债、银行存款、央票、中期票据以及其他固定收益类金融工具等。

理财通目前提供的定期理财有"招商招利月度理财""民生加银理财月度""银华双月理财"等产品。

定期理财产品有理财周期，一般为1~3月，到期后才能赎回，或者可以提前赎回，但必然付出相应的代价。到账时间通常为T+1日。如果怕自己在到期日忘记赎回，则可以使用预约赎回，到时便可自动赎回到你的安全卡上。如果没有赎回，也没有预约赎回，理财到期后会自动选择投入下一期的理财中。

■ 中风险：保险理财产品

保险理财产品是由保险公司发行、承保，并接受相关监督的保险产品，其品种丰富，包括万能险、分红险、养老险、投连险等。

投连险及养老险两种品种已经在微信理财通上架。保险理财产品的投资范围要大于货币基金和定期理财产品，但风险比后二者要高，预期收益稳定，赎回方便。

理财通的投连险有光大永明定活宝系列，包括定活宝66、定活宝168、定活宝365三种，由光大永明人寿保险有限公司发行，特点是门槛低、期限相对灵活、收益相对稳健。

■ 高风险：指数基金

指数指使用采样的方式获取股票或者债券的价格，然后以某种模型计算出的统计数据，用来衡量股票市场或者债券市场的价格变动情况。

指数基金，指以特定指数为标的指数，并将该指数的成份股作为投资对象进行投资，购买全部成份股或者部分成份股构建投资组合，以追踪标的指数表现的基金投资理财产品。指数基金通常以减小跟踪误差为目的，使得投资组合投资组成的变动趋势和指数变动趋势一致，以获得与标的指数相差不大的收益率。通常是"指数涨基金涨、指数跌基金跌"。

理财通上提供的指数基金很多，如"工银沪深300指数""华夏沪港通恒生ETF联接""易方达恒生中国企业ETF联接"等。

因为指数基金存在较高的投资风险，追求稳健型、保守型理财的人应尽量避免参与这种投资。另外，风险承受能力较低的人也不适合投资指数基金。

7.3 如何购买腾讯理财通产品

理财通提供了一种全新的投资理财渠道，这对于个人理财，实现财富保值增值，甚至是财务自由都有很大的帮助。因此，玩转理财通就成为理财达人必备的技能之一。

理财通最大的特点就是：简单便捷，可以说是理财新人入门理财的最佳工具和平台。在理财通上购买理财产品，通过以下三个步骤就可以完成。

绑定银行卡 ⇨ 购买理财产品 ⇨ 查看收益

第7章 腾讯理财通，随时随地无缝理财

■ 第1步：绑定银行卡

（1）登录微信，点击"钱包"，即可看到上方一栏中会出现"银行卡"。点击"银行卡"，然后点击"+添加银行卡"，输入支付密码，以验证身份。如果没有设置支付密码，则需要先设置支付密码，这是为了保障你账户资金的安全。

（2）输入支付密码后，会出现以下界面，按照要求绑定银行卡，并完成验证。绑定银行卡是不受类型限制的，但理财通是不支持使用信用卡购买理财产品的。

■ 第2步：购买理财产品

点击"理财通"，进入腾讯理财通的主页面，可以根据自己的投资风格和实际情况选择合适的理财产品。要有风险意识，不要贪图高收益，而是要与自身的实际需求相结合。

你会看到主页面有"收益稳健""随时可取""灵活存取"横列在一块，为了方便理财，主页上还提供了"立即买入余额"的选项按钮。如果你想获得更多的理财信息，可以点击主页下方的"理财"按钮，进入"理财"界面。

第7章　腾讯理财通，随时随地无缝理财

这里以购买"货币基金"为例。

（1）点击主页下方的"理财"按钮，进入理财通理财界面。在此界面，点击"货币基金"按钮，则会进入货币基金专场界面，这时你就可以自由选择货币基金进行投资。点击"华夏基金财富宝"，即可进入购买界面，点击右下角"买入"。

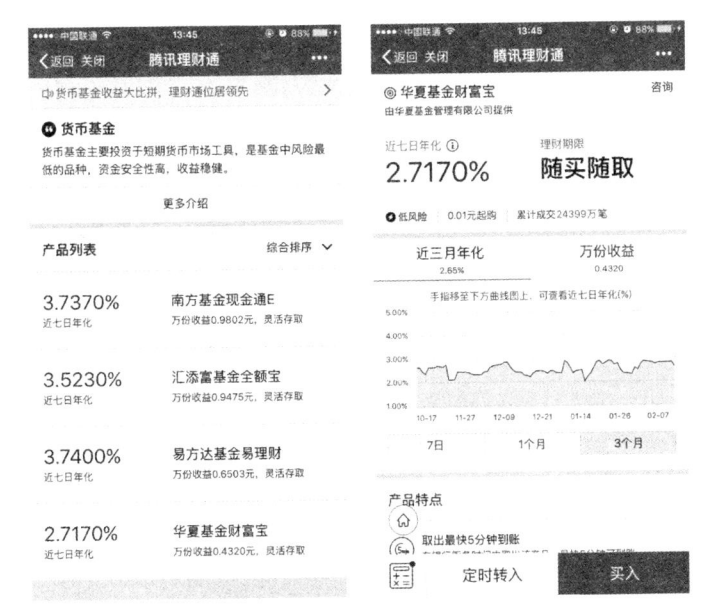

（2）输入买入金额，然后选择支付方式，输入支付密码，即完成购买。

"定期理财""保险理财""指数基金"的购买方式和"货币基金"一样。

理财通对购买金额有一定的限制,不同的银行其限制金额不同。如果你有大笔资金的投资需求,则可以使用电脑版理财通进行投资,支付额度最高为1000万元。

需要注意的是,首张用于购买理财产品的银行卡将被当做是"安全卡"。购买理财产品时可以使用多张银行卡,但赎回时资金只能赎回到这张安全卡上。这是出于保障资金安全的需要,因此安全卡应当使用自己最常使用的银行卡。

我们将在下节详细介绍"安全卡"的使用攻略,此处不再赘述。

■ 第3步:查看收益

(1)购买完毕后,即进入确认阶段。买入后,下一个交易日开始计算收益,如遇节假日则顺延。

这里提醒一下,最好在每个周四15:00前购买,那么周五即确认份额,

周六就可以看到收益。如果在周四15：00后购买，那么下周一才开始确认份额，下周二才能看到收益。因此周一到周四15：00前转入最合算。

另外，如果你是上班族，则可以设置"工资理财"，即每月定期将资金从你的银行卡中转入到理财通账户，赚取收益。

7.4　安全卡的使用

为了保护用户存在财付通的资金的安全，首次买入理财产品所使用的银行卡即被视为安全卡，资金只能取出到安全卡上，虽然赎回时只能用安全卡赎回，但购买理财产品时可以使用多张银行卡。另外，取出无手续费。

在购买理财通产品时，你绑定本人一张储蓄卡进行购买，那么赎回时，资金也只能返回到这张卡里，不能用于消费或者转出到其他银行卡里。这种方式极大地提高了理财通的安全性，降低了资金被其他人转走的概率。

取出资金时有三种方式，一种是快速取出，一般两小时内到账，但有额度限制，单笔2万元，每日3笔，一个身份证号，每个月所取出的资金总额不得超过200万元；第二种是普通取出，到账较慢，不过好处是额度不受限，次数不受限；第三种则是转出到余额，余额可以提现，也可以购买理财产品。

安全卡的设置是为了保障用户的资金安全，但会给用户赎回资金时带来稍微的不便，尤其是当用户想将资金赎回到其他银行卡中，此时则只能更换安全卡。

目前更换理财通安全卡有两种方式：用手机登录更换和用电脑登录更换。

先来看看如何用手机登录微信更换安全卡。

登录手机微信，依次点击"我→钱包→理财通"，点击下一面一栏"我的"，进入界面，即可发现"安全卡"，点击，然后点击"更换安全卡"。

第7章 腾讯理财通，随时随地无缝理财

点击"开始换卡"，此时你手机会收到理财通发来的更换安全卡的验证码，然后输入，点击"确认更换"，即可完成。这里要注意保护验证码，不要发给他人，也不要给他人看。

你也可以用电脑登录微信账号，更换安全卡。

打开电脑，登录理财通官网，输入自己的账号和密码，然后点击"安全卡→更换安全卡"，微信扫描二维码，然后按照提示操作即可。

7.5 腾讯理财通之货币基金投资攻略

虽然理财通平台上提供的可选择的理财产品只有四种类型，即货币基金、定期理财、保险理财、指数基金，但要从中挑选出适合自己的产品并不简单。下面我们以货币基金为例，简单谈谈该产品的投资技巧。

■ 什么是货币基金

货币基金是风险最低的一类理财产品，且可以随时申购和赎回。最适合没有理财观念、对理财不了解、害怕承担投资风险的用户，也适合众多投资者作为初次理财练手的首选。

货币基金的收益通常会超过银行活期存款利率，甚至在某些情况下，比银行定期利率也要高。

从整体来看，货币基金的优劣势如下图所示。

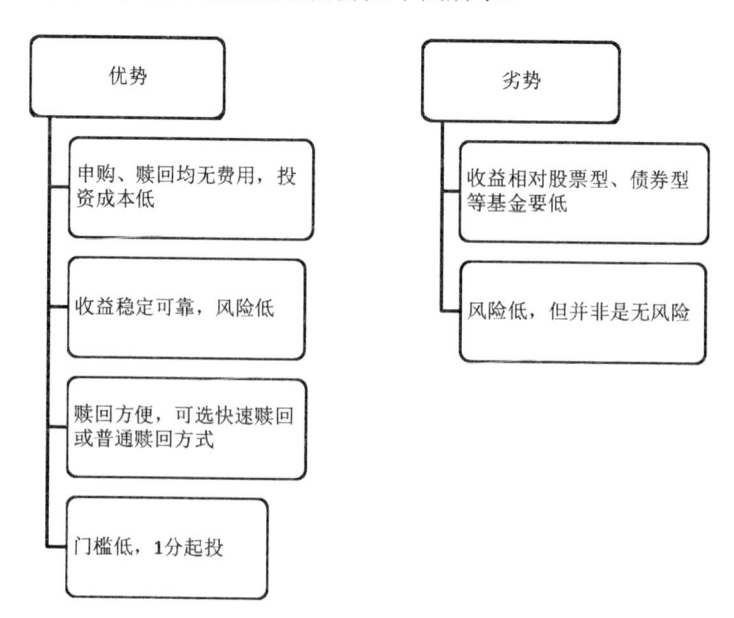

优势
- 申购、赎回均无费用，投资成本低
- 收益稳定可靠，风险低
- 赎回方便，可选快速赎回或普通赎回方式
- 门槛低，1分起投

劣势
- 收益相对股票型、债券型等基金要低
- 风险低，但并非是无风险

■ 货币基金选购技巧

一般来说，挑选货币基金要遵循"买旧不买新，买高不买低，就近不就远，就短不就长"的原则。

买旧不买新。选购货币基金时，尽量挑选已经运作一些时间的、业绩相对明朗的。当然有时一些新基金的收益可能更高些，但其业绩尚需市场来检验。

买高不买低。在选购货币基金时，可以"货比三家"，查看它们的收益率排行榜，尽量选择收益率较高的货币基金。在选购基金时，可以从收益率和万份收益对比来挑选。

（近一月年化收益率排行）　　（万份收益排行）

就近不就远。尽量使用较为简便的购买方式，如能用电脑买的，就不要去证券场所；能用手机搞定的，就不用再麻烦开电脑了。

就短不就长。货币基金适合短期投资，而不适合长期投资。长期投资，应该选择那些收益较高的国债、股票型基金等。

本章精彩导读

什么是P2P理财
常用的P2P平台
P2P手机投资理财流程
P2P投资理财的注意事项

第8章 P2P理财，开启中长期理财

　　理财并不是有钱人的专利，负利率时代，全民理财已经成为趋势。如何找到具有高便捷性、高收益的理财方式，成了人们选择理财工具的重要因素。这个时候，P2P理财闪亮登场了！它一出场，就以高收益吸引了人们的眼球。那么，如何进行P2P理财呢？本章将详细介绍。

8.1 什么是P2P理财

P2P理财是peer to peer lending的英文缩写，全称为网络借款平台，指的是个人与个人通过网络这一平台来进行借款或贷款业务，因此也被称为"点对点网络借贷"。

P2P理财之所以如此吸人眼球，就是源于其高收益和高便捷性。

从高收益来看，P2P平台提供的"高收益+本金保障"计划，对于普通投资者而言具有强烈的吸引力。据统计数据显示，目前P2P平台提供的产品投资收益率在8%~20%，这远远高于银行理财产品、货币基金和信托的收益率。在业内做得比较好的公司有陆金所、财源宝、人人贷等。

从高便捷性来看，P2P平台的投资门槛很低，相较于银行理财产品几万元以上的起购金额，P2P平台的门槛则低至50元。一方面是由于互联网的普及，线上支付和交易技术走向成熟；另一方面，则是线上金融交易成本更低，P2P信贷企业投入的成本门槛低，投资者的入门门槛也较低。

■ P2P理财的交易模式

P2P理财就像刚开始的网上购物一样，短期内不被人们所接受。有人会觉得网络贷款或者借款是一件不靠谱的事儿，一是因为自己没有胆量来尝试，二是因为自己并不了解它。

P2P理财的交易模式如下图所示。

第8章 P2P理财，开启中长期理财

```
网络信贷公司提供网站平台          资金借款方通过网络平台获取利息收益，
         ↓                              并承担风险
借贷双方自由竞价，自愿达成一致协议             ↓
                                 资金贷款方按照协议，每月偿还利息，
                                 到期还清本金
                                       ↓
                                 网络信贷公司针对双方收取中介服务费
```

但不可否认的是，在互联网时代，资源都具有共享性。即使P2P理财起源于英国，具有"海外血统"，但它可以凭借自己与生俱来的优越性，打开中国潜在的网络借贷市场。可以说，P2P理财的市场潜力非常大。

目前的中国P2P市场上，主要有以下三种模式。

担保模式：平台和相关的担保公司合作，由担保公司提供融资项目，再通过平台发布给投资人，投资人则根据项目选择投资。这个模式的特点以及重点都在于担保公司以及担保项目。

抵押模式：借款人将自己名下的车辆、房屋等大型贵重物品作为抵押物，到平台上借款，P2P网贷平台通过对借款人的资质、抵押物、信用、还款能力等多方面进行调查，确定放款额度，并且经常跟踪调查，催促还款、追款等。

信用模式：平台最大限度地把借款人的更多资料公布到平台上，投资人依据自己的眼光来甄别借款人所借款项的安全性，而平台并没有担保功能，借款人和投资人都是自由的。

根据相关的用户调查显示，第一种和第三种模式的使用率最高。

第一种是担保公司凭借自身的实力可以让用户有安全感，用户可以根

据自己的认同感轻松选择投资项目。

第二种是借款人通过抵押其名下的贵重物品，来获得相应的贷款额度。与此同时，银行也通过同样的方式来贷款给借款人，所以这也是市场较火爆的模式。

第三种模式是现有市场环境下的重要组成部分，以借款人的真实信用为基础进行借贷，网络平台不具有担保的功能。

■ P2P理财收益分析

理财用户最关心的就是收益。首先，我们从以下三方面来衡量P2P理财的资金收益情况。

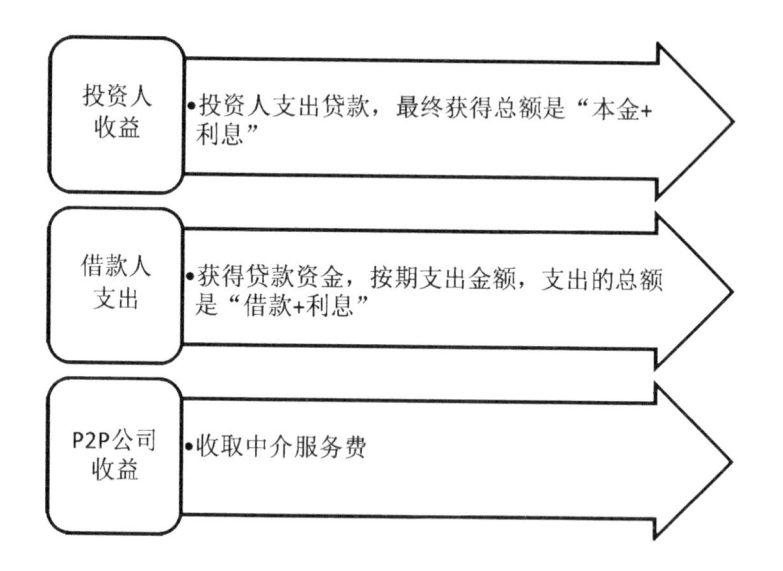

投资人收益	投资人支出贷款，最终获得总额是"本金+利息"
借款人支出	获得贷款资金，按期支出金额，支出的总额是"借款+利息"
P2P公司收益	收取中介服务费

那么，P2P理财到底能产生多少收益呢？

据了解，P2P理财投资人的年收益率一般为8%～20%，甚至还有超过20%的年收益率，达到30%～40%的年收益率，这样的年收益率具有很高的诱惑。

P2P投资人的收益主要由P2P网贷利息与P2P网贷奖励两部分组成。

P2P网贷利息 ➕ P2P网贷奖励 ＝ P2P理财投资人收益

其中，P2P网贷利息的计算公式为：

$$P2P网贷利息 = \left[1 + \left(\frac{期限}{年}\right) \times 年收益率\right] \times 本金$$

P2P网贷奖励的计算公式为：

$$P2P网贷奖励 = 奖励率 \times 本金$$

要准确计算出P2P理财的收益，还需要掌握下面四种计算方式。

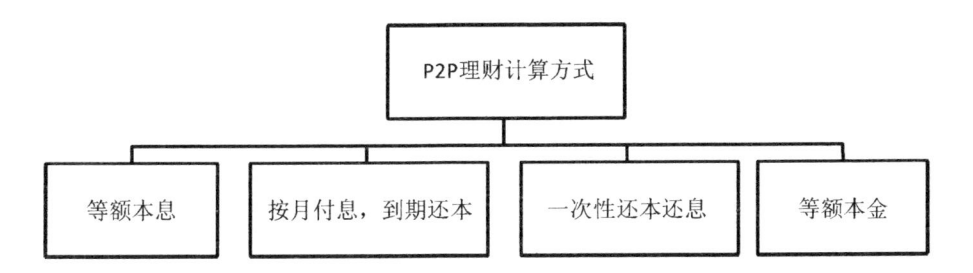

P2P理财计算方式：等额本息 / 按月付息，到期还本 / 一次性还本还息 / 等额本金

（1）等额本息

等额本息，指的是贷款本金总额与最终获得利息总额相加，即借款人要还的总金额，然后将总金额按照规定的还款期限平均到每月返还给投资人。

比如说，如果你投资20000元的贷款资本，年利息率为12%，借款期限为4个月，那么借款的人需要支付总共600元利息。按照等额本息还款的话，那么你第一个月收到的是5150（5000+150）元，第二个月是5150（5000+150）元，第三个月和第四个月依然如此。

（2）按月付息，到期还本

按月付息，到期还本是一次性还本还息的根本原则。它的步骤为：首先由P2P网贷平台计算出贷款方的利息收益，再按月平均返还给投资人。其次，待到项目截止日期时，将所有本金返还给借款方。

比如说，如果你贷给借款人10000元，年利息率22%，期限为3个月。那么你所应获得利息为（22%÷12×3）×10000=550元。本着"按月付息"的原则，贷款方每月实际收到的利息为183元，3个月后会收回本金10000元。

（3）一次性还本还息

这样的计算方式适合于在短期内急需用钱且金额较小的贷款人，也可以让借款人简单、直接地获得本金和利息。

（4）等额本金

相对前三种计算方式而言，等额本金的收益要小得多。在本金方面，它把本金按借款期限，平均成每月所需返还的部分本金。在利息方面，每月都需要在扣除上一月已还本金的基础上，再计算当月的利息，所以等额本金的计算方式的利息收益是逐渐降低的。

比如说，你投资20000元本金，年利息率为15%，期限是4个月。那么你在第一个月会收到5207.5（5000+207.5）元，第二个月会收到5197.5（5000+197.5）元，第三个月会收到5187.5（5000+187.5）元，第四个月会收到5177.5（5000+177.5）元。

值得注意的是，P2P网贷奖励率也是影响你的年利息率的重要因素。因此，不管你是利用P2P贷款理财还是投资理财，除了注意年化收益率以外，还需要特别注意平台的奖励率。

■ P2P平台收费标准

不管是贷款理财还是投资理财，我们都有必要了解各类P2P平台所收取服务管理费的种类以及平台的收益率，来保障自己的利益最大化。

目前，各类P2P理财平台收取的服务管理费主要有四大类。

充值手续费	目前中国市场上绝大多数P2P网贷平台都不会收取充值手续费。但仍有一小部分平台在收取，收取的费用为0.5%～1%。
提现手续费	第一种：如果你已充资金但没有进行项目投资，提现手续费按本金的0.5%～1%收取。 第二种：自充值之日起，15天内提现，提现的手续费将按本金的0.3%～1%收取。 第三种：手续费根据提现金额的多少也会有所不同，分别按1万元以下，1万～3万元，3万～5万元进行划分。
管理费	现在一半以上的P2P网贷平台都会收取管理费，不同网络平台也有不同的管理方式。 大体来说，管理费按照利息的5%～10%收取；债券转让费按照转让金额的0.5%～1%收取。
VIP费	P2P网络平台的VIP会员比普通会员享受更多的特权。比如说，普通用户可以享受网站提供的本金保障，而VIP用户不仅可以享受同样的服务，还可以享受本息保障、免除提现或充值手续费等。当然，只有很少一部分人才能开设并享受VIP服务。

P2P理财并非如传说一样遥不可及，只要你愿意主动了解，它便能给你带来意想不到的惊喜。机会是给有准备的人的，只要你有所准备，就能把握属于自己的机会。

8.2 常用的P2P平台

我国的P2P理财近年来发展迅猛，据相关调查显示，截至2014年年底，全国已有1575家P2P APP平台。但知名度与认可度都能被广大消费者认可的网贷平台，却不到10家。

下面，让我们一起来看看常用的八大P2P APP平台的特点及收益率。

拍拍贷

拍拍贷，于2007年8月在上海成立，是我国目前P2P APP平台中成立最早、交易量最大、知名度最高、媒体报道最多的平台。据了解，拍拍贷目前的用户数量已达1200万，平均年利息率12%。

拍拍贷保留并借用了英国的P2P模式，仅仅提供纯交易平台，网站不介入借贷双方交易中，只负责审核、展示以及招标等，以收取账户管理费和服务费为收益来源。

"小额、短期"是拍拍贷的特点，借款金额以10万元为上限，期限一般为6个月。在拍拍贷，借款方和贷款方只有在注册、填写相关的个人信息后才能进行贷款或借款业务。

2015年3月，拍拍贷完成了C轮融资，融资金额达到4000万美元。C轮融资主要由君联资本领投，跟投方包括AIG和周大福，有望在2017年上市。

不管是充值还是提现，拍拍贷都会收取相关费用。其中充值费分为两种。

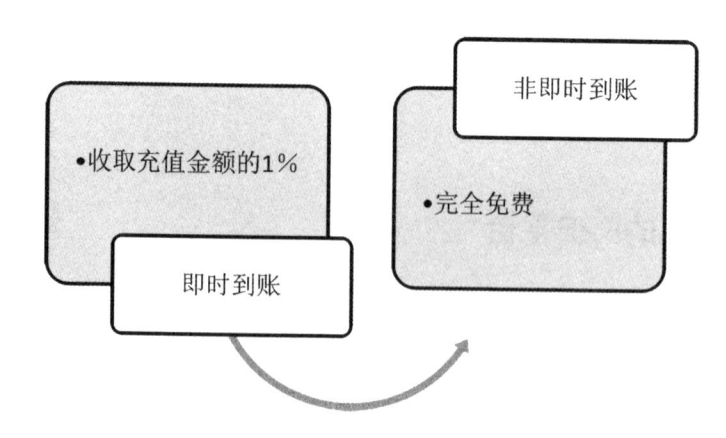

即时到账
- 收取充值金额的1%

非即时到账
- 完全免费

提现费则具有区间性：

1~30000元（不含）以下，需要1~3个工作日到账，每笔提现收取3元；

30000（含）～49999元，需要1~3个工作日到账，每笔提现收取6元。

单笔提现最高额度为49999元，超过此额度，则需要多次提现。

■ 你我贷

你我贷于2011年6月成立，以微小型企业及个人为主要服务对象，目前已经深入国内大多数二、三线城市以及乡镇、农村等，已在全国100多个城市建立起覆盖网络。

据统计，你我贷已使网站客户获利至少3.46亿元，其累积投资金额近30亿元。截至2016年年底，你我贷的线上注册用户数量突破了33万，其预期年收益率为12%～14%。

关于提现费，你我贷每次提现金额最高为100万元，每月有3次免费提现机会，超过3次将按笔收费或可以使用积分兑换免费提现券。

超过3次免费提现后，收费标准为：

2万元（含）以下，每笔2元；

2万～5万元（含），每笔5元；

5万～100万元（含），每笔10元。

目前不收取投资人的充值费用。

同时，你我贷会根据投资人的预期收入或投资计划，收取相应的投资管理费或提前退出费。

你我贷按照借款人的借款期限，每月向借款人收取借款本金的0.3%作为平台管理费。

■ 微贷网

成立于2011年7月的微贷网与其他的P2P平台最不同的地方，就在于它是以P2P的形式专注于汽车抵押借贷业务，解决个人小额贷款问题。

截止到2015年年底，微贷网单日交易额突破5000万元，单月交易额突破9亿元，累计交易金额突破70亿元，累计为投资人创收2.59亿元，收益率基本维持在15％。

微贷网免充值费，但收取提现费和资金管理费。每笔提现金额最多为49900元，每笔提现费2元，每月可免费提现3笔。未投资金提现，平台会收取0.5％的手续费。平台还会收取投资人获得利息的6％作为管理费。VIP费用为120元/年，VIP用户享受本金保障计划。

■ 宜人贷

宜人贷是由宜信公司推出的P2P平台。与拍拍贷的"小额、短期"特点截然不同，宜人贷适合长期投资，年收益率为12％，借贷期限最少为一年整，最多为3年整。

就平台费用而言，宜人贷平台基本不收取任何充值手续费。但是投资人或者借款方需要在每次投标前支付身份验证费，即网站针对投资人或者借款方进行身份验证。每次收取验证费5元。

投资人与贷款方达成一致后，也就意味着投资成功，这时投资人需要支付所得利息的10％作为担保服务费。债权转让成功后，需支付转让债权剩余本金的0.2％作为债权转让的服务费，最低为1元。

■ 人人贷

人人贷成立于2010年4月，人人贷成立初期以纯线上模式作为运营模式，在采集个人及企业的相关身份后，进行电子录入。然后再根据相关的信用机构记录，进行信用等级评分。

2012年，人人贷与友众信业合并，将部分的网贷业务从线上转移到了线下，开始招聘并组建自己的风控团队，公司规模也日益扩大。自此，人人贷发展成为线上线下相结合的模式，年收益率可高达14%。

人人贷收取充值金额的0.5%作为充值费，最多不超过100元。人人贷的提现费也根据提现金额的多少而有所不同。

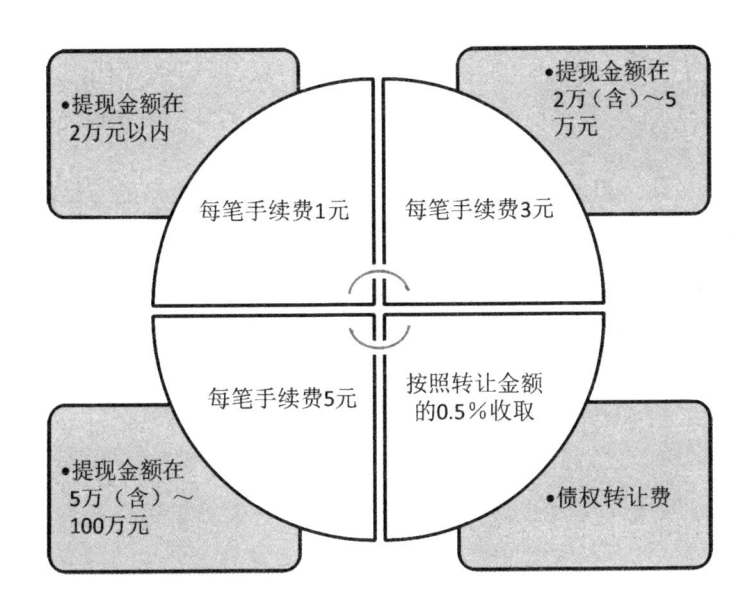

- 提现金额在2万元以内：每笔手续费1元
- 提现金额在2万（含）~5万元：每笔手续费3元
- 提现金额在5万（含）~100万元：每笔手续费5元
- 债权转让费：按照转让金额的0.5%收取

除此以外，人人贷还会向借款方收取0~5%的平台服务费。如果借款方逾期未还，还需要缴纳逾期罚息和逾期管理费。

■ 陆金所

陆金所，是"上海陆家嘴国际金融资产交易市场股份有限公司"的简称。于2011年9月在上海注册成立，注册资金8.37亿元。据相关调查显示，早在2014年，陆金所P2P的累计交易规模已稳居全球第一。

并且，凭借着自身的透明运转和合理收费，陆金所获得了首批优秀P2P平台中唯——个综合评定最高级别——"AAA"级。

据新闻报道，陆金所目前已拥有804万用户。

P2P平台陆金所隶属于平安集团，由于其投资产品由平安公司全权担保，可以有效规避本金风险，所以吸引了众多投资者。

相对于其他的P2P APP平台，陆金所的投资者收益都很低，年利率一般为4%～9%。

■ 积木盒子

2013年8月，积木盒子成立。同年12月3日，积木盒子的交易额便超过1亿元，是短期内成长最快的平台。

2014年，积木盒子在融资过程中获千万美元的投资。同年11月，积木盒子交易额率先突破30亿元，在不到一年半的时间里创下了历史新高。

截至2016年年底，积木盒子已使投资者获利至少1.53亿元。

同陆金所一样，积木盒子不收取任何充值费、利息管理费、VIP费，但是会收取提现费，每笔提现需收取2元手续费。

■ 红岭创投

2009年3月，红岭创投正式上线运营。以解决中小企业融资难、融资贵的难题为出发点，投资额度接近354.4亿元。

红岭创投的年收益率为15%～18%。

目前，至少有45万个投资者参与红岭创投的各个投资项目，并且投资者们已获利至少7.81亿元。红岭创投的会员分为普通会员与VIP贵宾会员两种。

VIP会员100%本金先行垫付保障，不收取充值费，提现费是5元/笔，大额的提现费每5万元收5元手续费，依次递增。利息管理费为10%。VIP费为180元/年。

8.3 P2P手机投资理财流程

当你从上两节了解了P2P理财的特点、收益、收费情况和各主流平台的基本情况后，接下来，你要做的就是拿出手机，下载一个P2P理财APP，进行平台注册，进到入互联网金融最疯狂的投资理财盛宴中。

本节我们将以图文的形式告诉你如何利用手机进行P2P投资。为了让你更全面地掌握投资理财流程，我们将分两部分来讲解：P2P手机投资理财流程理论版和现场演示版。

之所以要分为理论版和现场演示版，是因为理论版适用于所有的P2P平台。只要你想利用P2P APP进行手机投资理财，掌握理论版的操作流程，就可以使用所有的P2P理财平台。

■ 理论版

下面，我们将向你介绍P2P手机投资理财的具体操作流程。

第一步：注册账户

登录某网贷平台，选择"注册"，具体内容包括用户名、密码设定、个人邮箱账号以及真实姓名。总而言之，根据网站提示填写相关真实信息。

第二步：通过认证

认证的方式有三种，如下图所示。

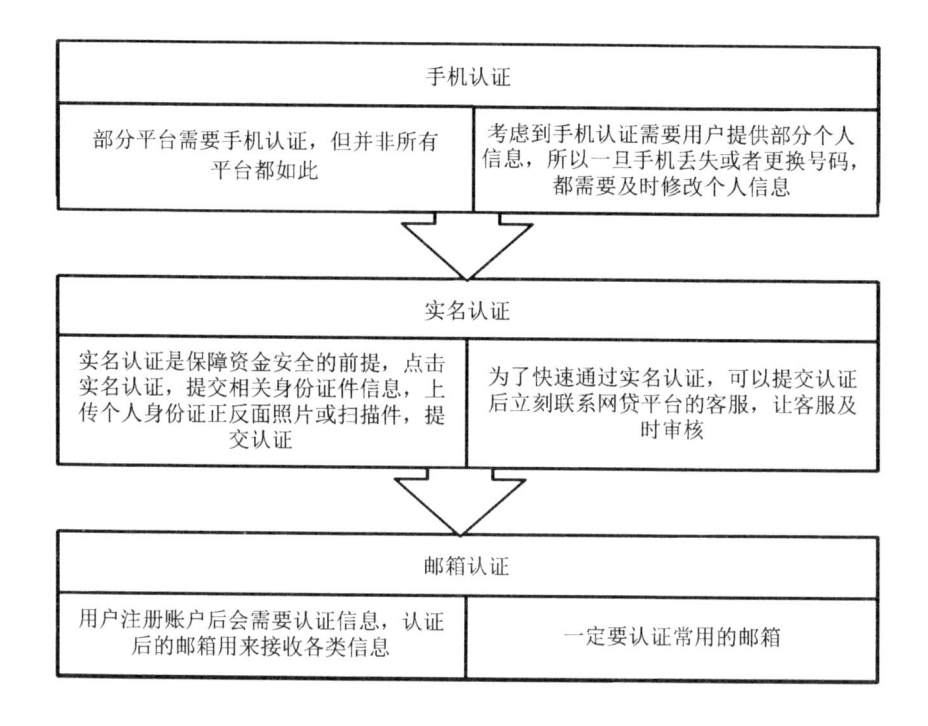

```
┌─────────────────────────────────────────────────────────────┐
│                         手机认证                             │
├──────────────────────────────┬──────────────────────────────┤
│ 部分平台需要手机认证，但并非所有 │ 考虑到手机认证需要用户提供部分个人 │
│        平台都如此             │ 信息，所以一旦手机丢失或者更换号码， │
│                              │     都需要及时修改个人信息       │
└──────────────────────────────┴──────────────────────────────┘
                              ▼
┌─────────────────────────────────────────────────────────────┐
│                         实名认证                             │
├──────────────────────────────┬──────────────────────────────┤
│ 实名认证是保障资金安全的前提，点击│ 为了快速通过实名认证，可以提交认证 │
│ 实名认证，提交相关身份证件信息，上│ 后立刻联系网贷平台的客服，让客服及 │
│ 传个人身份证正反面照片或扫描件，提│         时审核               │
│         交认证               │                              │
└──────────────────────────────┴──────────────────────────────┘
                              ▼
┌─────────────────────────────────────────────────────────────┐
│                         邮箱认证                             │
├──────────────────────────────┬──────────────────────────────┤
│ 用户注册账户后会需要认证信息，认证│      一定要认证常用的邮箱       │
│ 后的邮箱用来接收各类信息       │                              │
└──────────────────────────────┴──────────────────────────────┘
```

第三步：设置银行卡信息和交易密码

未充值前，你需要提前设置提现的银行卡信息，包括开户银行、开户行名称（××银行××分行××支行××分理处或营业部）和银行账号三部分内容。

另外，许多P2P平台都有二级密码，也就是交易密码，这与前面注册时候设置的密码有所区分：注册时设置的密码是登录密码，登录账户时必须用到；交易密码是在投资以及提现和设置自动投标时用到的。

这两个密码可以相同也可以不同，但最好不同，这样可以提高账户的安全度。另外，用户还可以设置密码保护的问题和答案，为密码加一把保护锁。

第四步：充值

在投资前，你需要进行充值。充值是指将银行卡上的资金转到平台账户上。

充值分为在线充值和线下充值。

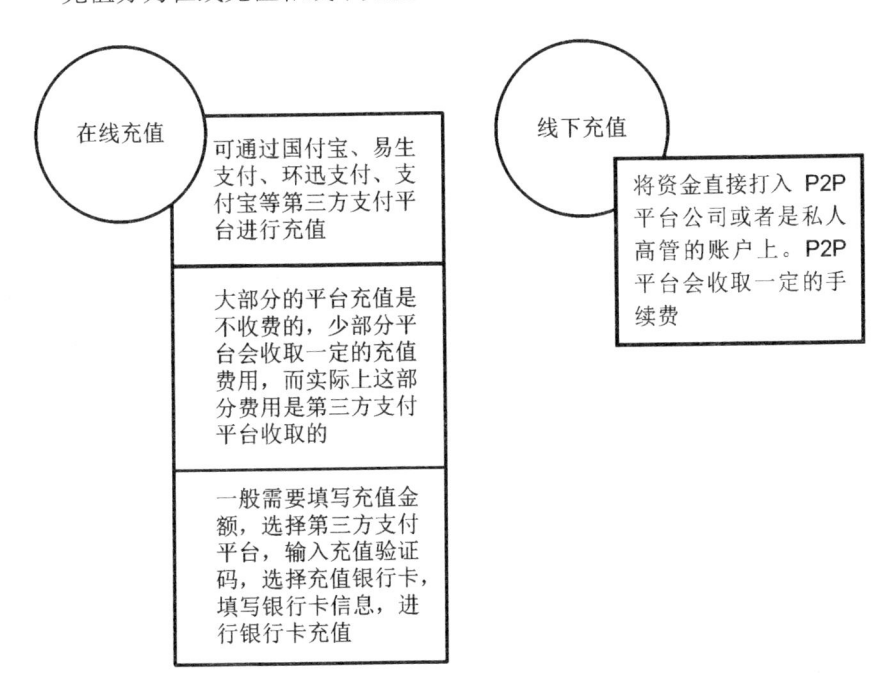

在线充值
- 可通过国付宝、易生支付、环迅支付、支付宝等第三方支付平台进行充值
- 大部分的平台充值是不收费的，少部分平台会收取一定的充值费用，而实际上这部分费用是第三方支付平台收取的
- 一般需要填写充值金额，选择第三方支付平台，输入充值验证码，选择充值银行卡，填写银行卡信息，进行银行卡充值

线下充值
- 将资金直接打入P2P平台公司或者是私人高管的账户上。P2P平台会收取一定的手续费

第五步：投标

充值成功后，你可以在自己的账户中看到自己的可用资金，下一步就可以进行投标了。

投标很容易操作。在P2P平台的"我要投资"页面下，会有许多的借款者的借款标。后面是相关投标的链接，点击有关链接后按照系统提示，分别点击"投标"。然后输入投标金额，确认金额无误之后，再输入交易密码及验证码，点击"确认投标"，即代表着投标成功。投标利息从满标之日开始计算。

投标成功后，你需要检查标是满标还是流标。若流标，则你的资金被打回你在平台的账户，该笔投资无效，需要重新投标。

另外，你还可以关注下这家平台的运营状态，也可以看看其他平台，考虑分散投资的问题。

第六步：提现

提现指的是将你的P2P平台账户上的资金提取到你的银行卡上。大多数P2P平台都会收取一定的提现费，并且提现费会根据提现的时间而有所不同。

设置好提现账户后，提交提现申请，通过审核后就能进入实际的打款步骤。具体提现的时间要看P2P平台财务的处理效率和不同银行的转账和到账时间。

不过参照现在的P2P平台的提现速度，总体而言，大部分平台一个工作日内是可以到账的。

第七步：撤资

如果你找到了更好的投资平台，或者找到了更好的投资项目以及其他任何原因，都可以撤资。和股票、基金一样，一味在一个不满意的P2P平台继续投资，只会让自己的收益越来越少。与其这样，倒不如果断撤资，可能会有一个崭新的开始。

■ 演示版

以拍拍贷为例，下面向大家现场演示P2P手机投资借款理财的操作流程。

第一步：在手机App Store输入"拍拍贷理财"，点击"下载"按钮，下载到手机里。如下图所示。

第8章　P2P理财，开启中长期理财

第二步：打开拍拍贷，点击右下方的"账户"按钮，点击"注册/登录"按钮，进行注册。如下图所示。

第三步：输入手机号，点击"立即注册"。如下图所示。

第四步：注册成功，进入拍拍贷页面。在首页，你可以查看一些理财计划，点击进去，就是各个标的详情。如下图所示。

第五步：选择你感兴趣的标，点击"抢购"按钮，输入投资金额，点击"立即购买"按钮。如下图所示。

第六步：输入相关信息后，确认金额，输入支付密码和验证码，提交并支付。

第七步：完成投资。如果你需要查看自己投资情况，可以点击"账户"界面的"资金记录"。如下图所示。

8.4 P2P投资理财的注意事项

凭借自身的年利率高于银行的投资项目，P2P网贷吸引着越来越多的人把更多的资金投向这个平台，造就了一个火爆的投资市场。

那么，我们在进行P2P投资理财的时候，应该注意哪些事项呢？

■ 选择平台须谨慎

有的人要求平台承担本息担保和本金担保，符合这样要求的平台当然也有，但是总体来说年利率比较低。因而，每次新标的出现的时候，是否投资便成为了投资人的难题。

不仅如此，还有人要求平台背景雄厚，有高知名度和好口碑。这样的要求倒也并不为过，但是随着网络的发展，投资者也会通过各种网络新闻来形成自己的判断，并不一定是宣传好的平台就是最受认可的平台。但对于有负面新闻或者负面新闻较多的P2P网贷平台，投资者要注意，务必谨慎对待。

大多数人要求平台的稳定性强，经营时间长久。有的人要求平台的资金往来明细清晰，还有的人对平台的注册资本以及背景比较感兴趣，觉得平台能不能做大、做好要看其背景。总之，大家都希望自己选择的平台的风险越小越好，收益越高越好。

投资者应该提前在搜索引擎门户上面搜索平台的相关消息，包括平台的正面报道和负面信息，然后从各大论坛上查到相关投资人对平台的感受。如果有条件的话，能够找到网站的相关工作人员咨询专业问题当然更好。

■ 选择适合自己的标的

所谓标的，就是指合同投资者和借贷者双方之间存在的权利和义务关系，如货物交付、劳务交付、工程项目交付等。它是合同成立的必要条件，是一切合同的必备条款。

P2P平台有不同标的，从标的额度以及周期来看，分为六种。

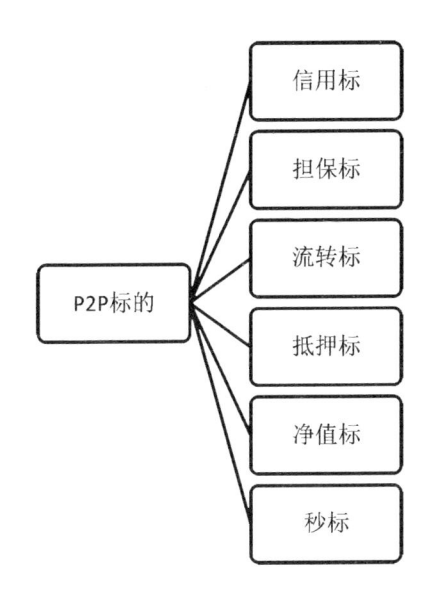

```
                    ┌─────┐
                 ┌─▶│信用标│
                 │  └─────┘
                 │  ┌─────┐
                 ├─▶│担保标│
                 │  └─────┘
                 │  ┌─────┐
  ┌──────┐       ├─▶│流转标│
  │P2P标的│──────┤  └─────┘
  └──────┘       │  ┌─────┐
                 ├─▶│抵押标│
                 │  └─────┘
                 │  ┌─────┐
                 ├─▶│净值标│
                 │  └─────┘
                 │  ┌─────┐
                 └─▶│ 秒标 │
                    └─────┘
```

关于信用标，主要靠借款人的信用。需要P2P平台综合其他的信用机构记录，对借贷人进行一定的信用评估。同时，依靠纯线上运行模式的网贷平台是有一定风险的，投资人需谨慎对待。

虽然大多数投资人喜欢担保标，担保标一般有本息担保和本金担保，但是担保标总体数量并不多，平台不可能对所有的标做担保。同时担保标也有坏账的可能，因为担保方多数是担保公司。如果担保公司出了问题，那么担保标也会出问题。总体来说，担保标还是比较适合国人传统投资心理的标。

为了避免涉及非法集资，P2P网贷平台推出了债权转让的产品，即流转标。一般是平台借钱给借款人，然后把这笔债务放到平台上发标，由投资人接标。对于这样的标，投资人只需要查看合同就行了，如果合同上面签约的是"流转标"，并且网贷平台的实力还不错，是可以投资的。

一般投资人比较喜欢抵押标，因为抵押标是指借款人以一定的抵押物向平台借款，比如房产、土地、货物等，这样的抵押品的价值受到法律的认可与保护，可以减轻投资人的投资风险。

净值标指的是投资人以自己的投资做担保发布借款的标的，利率比较低。其安全系数并不稳定。总体上来说，净值标需要投资人靠谱，不然就容易陷入恶性循环之中。

"秒标"是P2P网贷平台为招揽人气发放的高收益、超短期限的借款标的，通常是网站虚构一笔借款，由投资者竞标并打款，网站在满标后很快就连本带息还款。网络上由此聚集了一批专门投资秒标的投资者，号称"秒客"。

■ 分散投资

由于投资风险与投资收益呈正比关系，收益越高，风险也就越大。所以不要把所有鸡蛋放在一个篮子里面，这是明智的投资方法。

同样，投资人可以多关注几个不同平台，查看不同的标的。一般来说，8%~15%的年利率都是属于合理范围，因此投资人可以选择几个适合的标的投资。

但是，投资人的项目也不应太过分散，因为国内市场上P2P平台很多，标的也很多，分散方式也很多。比如小额分散、地域分散和行业分散，投资人需要考虑到这三种分散方式各自存在的优缺点。

举例来说，小额分散适合小投资者，地域分散以及行业分散就需要考虑投资者本身的状况了。倘若投资集中在一个方面，如果这个方面出了问题，有可能引发连锁反应。

■ 注意防范风险

P2P最大的优越性，即它以网络为平台，突破了传统的借贷模式的时空限制，使得投资者与借款人可以在虚拟的空间里进行资金操作和运行。但是与此同时，P2P网贷平台也存在着先天的不足：资金无法获得即时的监控和监督。

尽管为了保障资金安全，目前大多数P2P网贷平台都实现了与第三方支付平台的合作，采取资金托管的模式，但依然无法从根本上保证资金的有效监管。所以，P2P理财也存在着非法操作的潜在风险。

非法操作首先表现在以高于市场数倍的利益率来吸引投资人。据相关报道，有的P2P理财平台会将投资产品或项目的年利率定位于20%~30%，远远高于6%~9%的平均年利率。如此高的年利率当然会诱导投资人进行投资，但是极高的收益也意味着极高的风险，尤其是在投资这一领域。所以投资者必须要谨慎对待以高收益为噱头的相关P2P理财产品的合理性和安全性，提高警惕意识。

其次则表现在采取不正当或欺骗的手段来获取用户的私人信息，造成个人财产损失。举例来说，有的P2P理财平台的工作人员会冒充保险公司的销售人员，以保单升级、促销活动、礼品赠送等为借口，在用户不知情的情况下获得其信任，进而将用户的银行账号、保单号、身份证号甚至密码等极其重要的私人信息搜集起来，并说服用户购买P2P产品。更有甚者，直接利用这些信息，冒充用户进行操作，将用户账户的资金转移到其个人或网站的账户上，进行投资。

■ 理财须勤奋

进行P2P理财，投资人就要尽量多关注理财方式，多学习理财技巧，多加入一些理财交流群，跟着学习一段时间。

选择平台后，对于P2P平台上公布的项目、信息及安全性，如果在条件允许的情况下，尽量前往现场实地考察，做到心中有数。也要时刻关注所投平台的动向，了解项目的情况，了解资金的动向，了解平台的安全性。

总之，无论是P2P理财还是其他理财方式，建议你都要做一个勤奋的理财者，不但关注安全和收益，还要关注平台的动态与进展，让自己财富安全的同时实现增值。

本章精彩导读

什么是众筹
众筹的商业融资模式
主要众筹平台
如何选择商品众筹项目
如何分析股权众筹项目的可行性

第9章 众筹，与创业者一起创业

没人、没钱、没渠道，通过一次众筹即可咸鱼翻身的例子已经比比皆是。随着"互联网+"时代的到来，众筹行业也在不断地发展。如今，用手机也可以参与众筹项目。通过阅读本章，创业者可以找到适合自己的众筹平台，投资者可以找到靠谱的投资理财项目。

9.1 什么是众筹

众筹，对很多人来说是一个新鲜的"旧名词"。新鲜是因为它眼下与金融、互联网联合在一起，成为席卷世界互联网金融的"核心"。"旧名词"是因为众筹一直存在于人们的生活当中，从结婚中的"份子钱"到"集资建房"，都是众筹。

虽然众筹是近几年才兴起的融资模式，但其实早在千百年前，众筹就已经出现。18世纪时，音乐家莫扎特、贝多芬等创作音乐苦于没有足够的资金，为了筹集创作资金，他们会去找一些订购者，这些订购者给他们提供资金。当作品完成时，作为回报，会获得一本签有他们名字的书，或是乐谱副本，这就是早期的众筹。由此可见，众筹在西方有着悠久的历史。传统众筹主要侧重于文学艺术领域，具有回报性。

那么，到底什么是众筹呢？

众筹，顾名思义，聚众人之力筹集资金去办一件事。特别是以资助个人、公益慈善组织或商事企业为目的的小额资金募集。

随着互联网时代的到来，特别是互联网金融发展时代的到来，在旧时代已初显雏形的众筹，在新时代开始崛起。众筹的涵义发生了巨大的变化，更多指向金融领域里创新的直接融资手段，并逐步分化出股权、债权、捐赠、奖励等多种形式，其对传统金融与实体经济的影响与日俱增。众筹电影、众筹书店、众筹咖啡馆等就是众筹衍生出来的产品。

现代众筹的涵义最初深入人心大概要归功于一批文艺青年创建的Kickstarter.com等网站。通过Kickstarter.com的平台，人们可以为艺术和非盈利事业捐募资金。比如，在美国底特律建立一座机械战警雕像，或者为计划出版新专辑的草根乐队或将赴危险的战争地带采访的记者来筹集一笔款项等。

传统的众筹是指用"团购+预购"的形式,向人们募集项目资金。而现代众筹是通过互联网发布需要筹款的项目来募集项目资金。

和传统的众筹相比,现代众筹更为开放,只要是人们喜欢的项目,都可以通过众筹来获得项目启动资金,为更多的小商家和创业人士提供了创业机会。

筹资者将需要众筹的项目通过众筹平台进行公开展示,浏览网站的人对这些项目进行赞助、支持和投资。这就是现代众筹的真正涵义。虽然个人的投资额度小,但胜在人多,聚沙成塔,众筹成功的筹资者便可获得所需的资金。

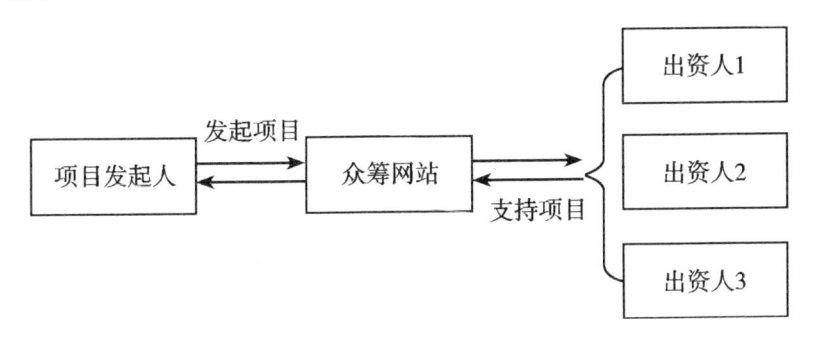

预计到2025年,国内众筹规划将达到450亿~600亿美元。如果你还仅仅只接触过余额宝,还在愁项目找不到融资,那么,请了解了什么是众筹后,亲自感受一下众筹的火爆和魅力。

9.2 众筹的商业融资模式

众筹融资模式有项目发起人、出资人、众筹平台这三个有机组成部分。

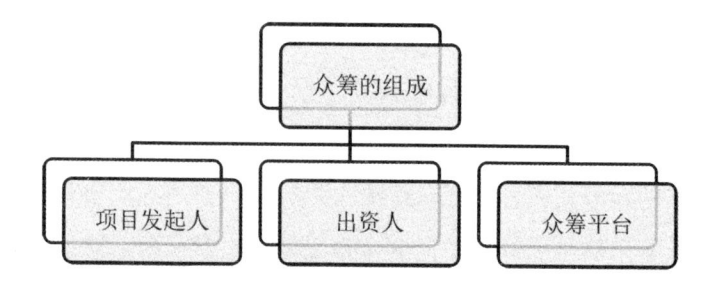

```
        ┌──────────┐
        │ 众筹的组成 │
        └──────────┘
       ┌─────┼─────┐
   ┌───────┐┌─────┐┌───────┐
   │项目发起人││出资人││众筹平台│
   └───────┘└─────┘└───────┘
```

- **项目发起人**

项目是具有明确目标的、可以完成的且具有具体完成时间的非公益活动，如制作专辑、出版图书或生产某种电子产品。项目不以股权、债券、分红、利息等资金形式作为回报。项目发起人必须具备一定的条件（如国籍、年龄、银行账户、资质和学历等），拥有对项目100%的自主权，不受控制，完全自主。

项目发起人要与众筹平台签订合约，明确双方的权利和义务。

项目发起人通常是需要解决资金问题的创意者或小微企业的创业者，但也有个别企业为了加强用户的交流和体验，在实现筹资目标的同时，强化众筹模式的市场调研、产品预售和宣传推广等拓展功能，以项目发起人的身份号召潜在用户介入产品的研发、试制和推广，以期获得更好的市场反应。

- **出资人**

出资人往往是数量庞大的互联网用户，他们利用在线支付方式对自己感兴趣的创意项目进行小额投资，每个出资人都成了"天使投资人"。

公众所投资的项目成功实现后，对于出资人的回报不是资金回报，而可能是一个产品样品。例如一块手表，也可能是一场演唱会的门票或是一张唱片。出资人资助创意者的过程就是其消费资金前移的过程，这既提高了生产和销售等环节的效率，生产出原本依靠传统投融资模式而无法推出的新产品，也满足了出资人作为用户的小众化、细致化和个性化消费需求。

■ 众筹平台

众筹平台是众筹项目的搭建者，又是项目发起人的监督者和辅导者，还是出资人的利益维护者。上述多重身份的特征决定了众筹平台的功能复杂、责任重大。

9.3　主要众筹平台

近几年，随着互联网的发展，众筹平台逐步在国内兴起，目前大家投、点名时间、天使街等众多平台比较知名。

■ 中国草根众筹平台：大家投

大家投网站是由深圳创新谷投资的一家众筹平台，模式与Wefunder类似，是中国第一家股权众筹平台。

大家投网站自身就是靠众筹起家。由创新谷领投、11位投资人跟投，完成100万元人民币融资。这12位投资人分别来自全国8个城市。

在大家投平台上，创业者按照平台的要求填写商业计划书，填写融资额度需求，而投资人如果看上这个项目，就可以选择去领投或者跟投这一项目。如果投资人认领的额度达到创业团队的要求，那么这个项目融资成功，多位投资人成立一个有限合伙企业，由领投人负责带领大家一起把钱分期投给创业团队。而大家投这个平台每撮合成一个项目，就会抽成5%作为平台的回报，这个费用包括有限合伙企业工商注册代办与5年的报税年审费用。

值得一提的是，大家投推出了针对连锁服务业项目异地开店业务的股权众筹专版，融资项目要求是只要有两家以上在营店赢利就可以。这个思路有市场潜力，一方面，相比科技创新项目，投资风险要小；另一方面，这样的项目易于理解和接受，潜在投资人群体数量非常巨大。

在用户体验上，融资项目商业计划书真正实现文档化到数据化、标准化的革命性转变，彻底终结创业者用电子邮件方式重复、大量、到处发商业计划书的低效融资历史。

另外，大家投为全国著名投资众筹平台，投资人单次跟投额度可以最低到项目融资额度的25%，大大降低了中国天使投资人的门槛，将是中国全民天使时代的一个历史开端，同时让创业项目以最快速度获得天使投资。

1．大家投的登录注册

大家投的登录注册步骤如下所述。

第一步：打开"大家投"APP，点击右下方的"我的"按钮。如下图所示。

第二步：在"会员登录"界面，点击"注册会员"按钮。如下图所示。

第三步：选择会员类型，选择"注册投资人"。如下图所示。

第四步：输入用户名、个人资产、邮箱、密码、手机号码、短信验证码，点击"同意协议并注册"按钮，注册成功。如下图所示。

2. 如何参投

大家投的参投流程如下所述。

第一步：在"大家投"的主界面，选择你要参投的众筹项目，点击进去。仔细查看项目详情，包括融资金额、最新估值、认投金额、完成率等。确认要参投，点击下方的"我要跟投"按钮。如下图所示。

第二步：需要注意的是，首次参投必须完善个人资料，系统会自动跳转至"基本资料"界面，输入个人住址、个人说明，点击"保存"按钮。如下图所示。

第三步：点击"身份认证"按钮，进行身份认证。如下图所示。

第四步：上传身份证的正面照和反面照，点击"申请认证"按钮。如

下图所示。

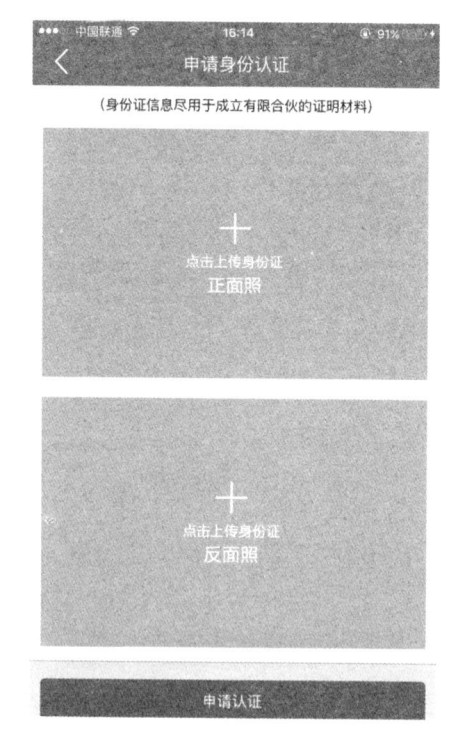

第五步：填写完毕后，回到项目界面，点击"我要跟投"。输入投资金额和支付密码，点击"确定"按钮，众筹项目参投成功。

■ 国内首个众筹平台：点名时间

点名时间于2011年7月上线，成立至今，后台接受到的项目申请已经达到7000个，最终有700多个项目经过"点名时间"的内部审核后上线，其中筹资成功的项目接近50%，网上共筹集资金达到500多万元。

事实上，"点名时间"也并非国内首创，而是模仿一个国外的众筹网站Kickstarter，这家2009年才创立的网站已成为当今世界上最有效率的募集资金平台，在几乎没有任何宣传和推广的情况下，已有超过100万人在Kickstarter网络筹资平台上投资，这个平台已累计筹得资金1亿多美元。

目前，"点名时间"的项目主要分为两部分。

第9章 众筹，与创业者一起创业

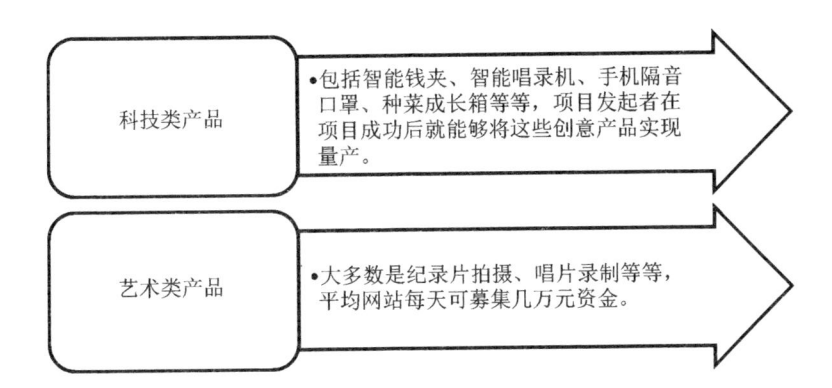

- **科技类产品**：包括智能钱夹、智能唱录机、手机隔音口罩、种菜成长箱等等，项目发起者在项目成功后就能够将这些创意产品实现量产。

- **艺术类产品**：大多数是纪录片拍摄、唱片录制等等，平均网站每天可募集几万元资金。

目前，"点名时间"的受众以白领群体为主，对于如何让这些受众被项目吸引、决定出资相助，就成为决定"点名时间"能否成功运营的重要因素。

以一个智能灯泡为例，如果一个项目出资者赞助了发起者200元，那么一旦项目顺利实施，这个智能灯泡就可以进行量产，届时市场价或在300元左右。而作为对项目出资者的回报，发起者将免费赠送一个智能灯泡给出资者，也就是等于出资者实际上只花了200元买到了一个价值300元的产品，项目出资者通过这个全过程不仅获得了参与的乐趣，还得到了经济上的回报。

点名时间有三大核心优势，如下图所示。

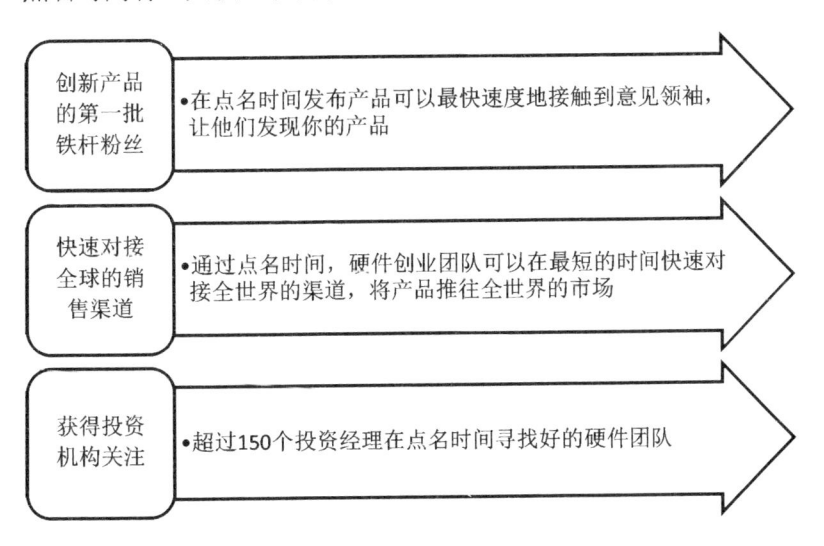

- **创新产品的第一批铁杆粉丝**：在点名时间发布产品可以最快速度地接触到意见领袖，让他们发现你的产品

- **快速对接全球的销售渠道**：通过点名时间，硬件创业团队可以在最短的时间快速对接全世界的渠道，将产品推往全世界的市场

- **获得投资机构关注**：超过150个投资经理在点名时间寻找好的硬件团队

1. 点名时间的业务流程

点名时间的业务流程分四步进行。

第一步：提交项目。硬件产品团队通过点名时间官网提交项目内容，包含项目介绍、项目团队介绍、回报内容介绍等。

第二步：审核项目。所有硬件产品都必须送抵点名时间办公室，在测试机抵达后3~5个工作日内，由点名时间进行严格的实际测试，测试通过后才会上线。

第三步：上线准备。审核通过之后，团队即可选择上线日期准备上线。部分有潜力的项目，点名时间将给予产品定位分析、文案策划和视觉设计等全方位的协助，帮助团队打造最完美的首次亮相。

第四步：项目上线。上线后点名时间将协助硬件产品团队对接渠道、媒体、投资人及供应链等多方资源。

2. 点名时间的登录注册

点名时间APP的登录注册步骤如下所述。

第一步：打开"点名时间"APP，点击右下方"我的"按钮。如下图所示。

第二步：点击"注册"按钮。如下图所示。

第三步：输入手机号码、短信验证码和密码，点击"注册"按钮，注册成功，系统自动登录。如下图所示。

3．如何参投

点名时间投资众筹项目的操作步骤如下所述。

第一步：在"点名时间"主界面，选择你要参投的众筹项目。如下图所示。

第二步：查看众筹项目详情，选择你要投资的金额，点击"支持"。如下图所示。

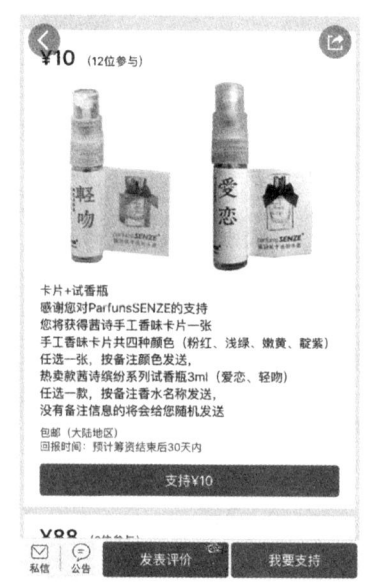

第三步：添加收货地址，点击"确定提交"按钮。如下图所示。

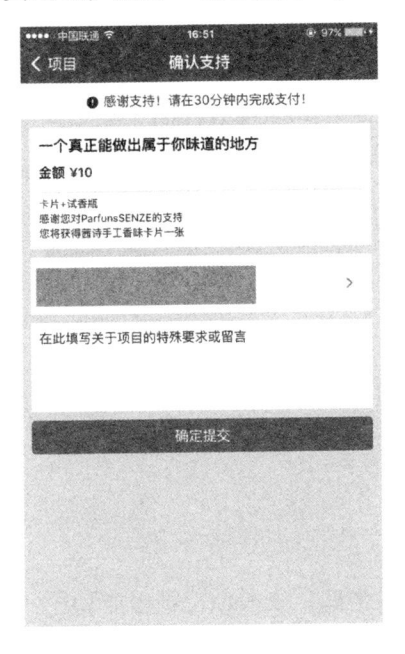

第四步：选择付款方式，目前支付微信、支付宝、银行卡支付。点击"确定付款"按钮。如下图所示。

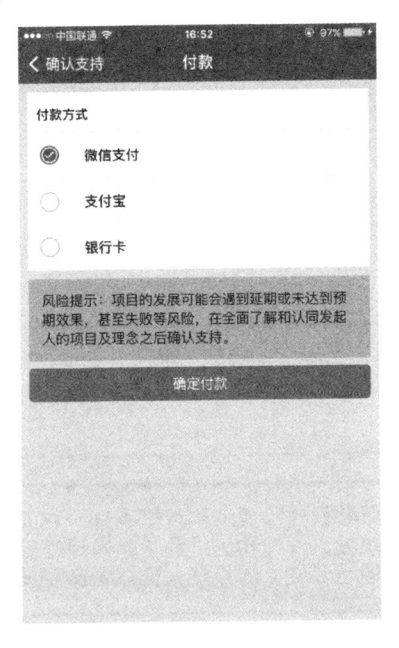

第五步：确认支付，点击"立即支付"按钮。如下图所示。

第六步：输入支付密码，众筹项目参投成功。

■ 小微企业的众筹平台：天使街

天使街是由多个投资人和专业投资机构共同发起创办的，定位于大众消费类和生活服务类微创企业，帮助美食、小吃快餐、休闲娱乐、运动健身等相关的微创企业通过互联网众筹，快速实现线下平台的品牌化和高客流，解决融资问题。

天使街致力于为小微企业提供一站式投融资综合解决方案，主要有两大用途。

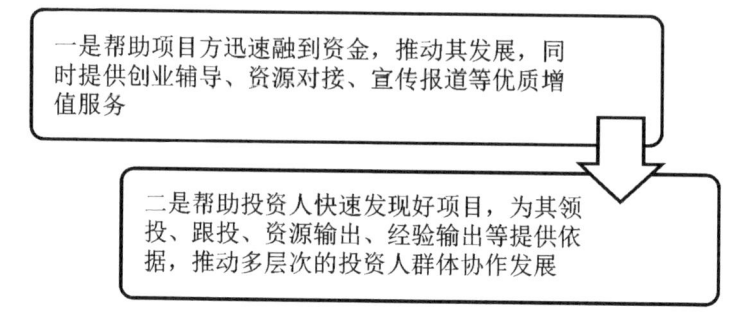

> 一是帮助项目方迅速融到资金，推动其发展，同时提供创业辅导、资源对接、宣传报道等优质增值服务

> 二是帮助投资人快速发现好项目，为其领投、跟投、资源输出、经验输出等提供依据，推动多层次的投资人群体协作发展

天使街以"小微企业众筹梦想、小微天使投资未来"为己任，构建京津冀、长三角的经营网络和综合服务。天使街希望通过创业的互联网金融思维，持续推进股权投资大众化、标准化，为小微企业提供快速发展中的资本与资源支持，为投资人提供最佳投资机会和多渠道退出机制。

1．天使街的投资规则

认证投资人的资质：有投资经验、投资意愿、投资经济能力的机构或个人，如机构投资人、独立投资人、企业管理者等；有丰富的行业经验、独立判断力、高风险承受能力；无不良信用记录，资信良好；认同天使街运营模式，组织文化及宗旨；有很强的分享精神，关注创业者发展。

领投人的资质：满足以下条件之一——3年以年天使基金、早期基金总监级以上岗位从业经验；2年以上创业经验；5年以上企业总监级以上岗位工作经验；7年以上企业经理级岗位工作经验。

领投人的权利和义务：向跟投人提供项目分析与尽职调查结论，帮助创业者尽快实现项目成功融资，对项目进行投后管理；对单个项目的领投额度为项目融资额度的5%~50%；融资成功后，获得项目1%的股权奖励，并获得10%的利益分成；优先看到项目源和微信群推荐项目。

2．天使街的业务流程

领投人申请的流程，如下图所示。

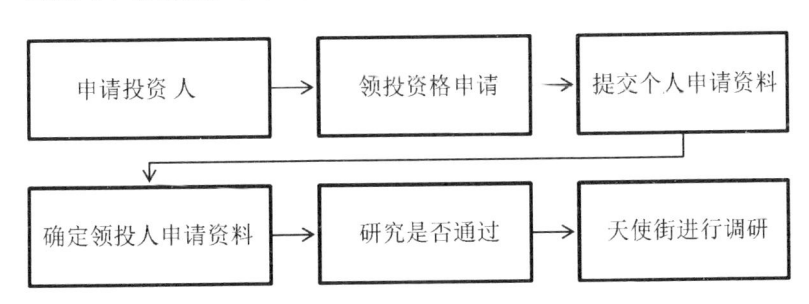

申请投资人 → 领投资格申请 → 提交个人申请资料 → 确定领投人申请资料 → 研究是否通过 → 天使街进行调研

创业者的融资流程，如下图所示。

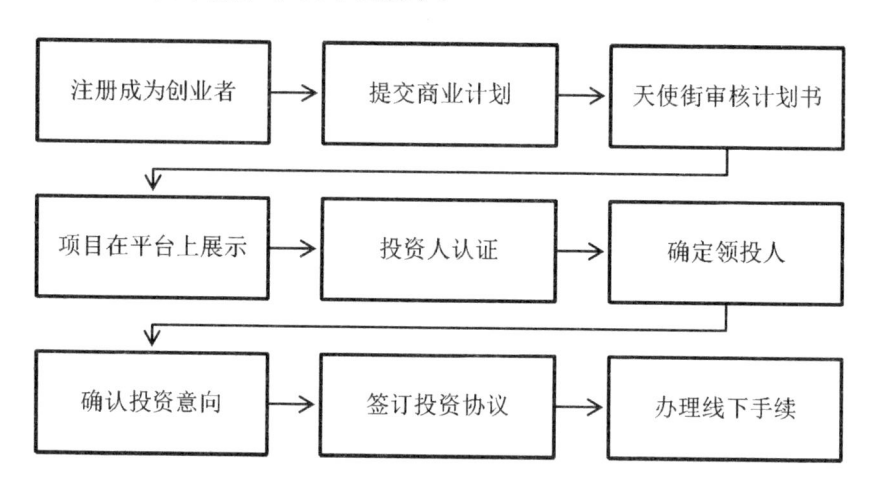

```
注册成为创业者 → 提交商业计划 → 天使街审核计划书
                                        ↓
项目在平台上展示 → 投资人认证 → 确定领投人
      ↓
确认投资意向 → 签订投资协议 → 办理线下手续
```

■ IT领域的众筹平台：凑份子

2014年7月1日，京东金融第五大业务板块——众筹业务"凑份子"正式上线。"凑份子"的意思就是大家把钱凑到一起给有点子的人，让他们实现自己的创意。另外，还有12个新奇好玩的众筹项目和"凑份子"同期上线。发布的项目主要属于智能硬件和流行文化这两个领域，实质上看是产品众筹，目标用户则为3C、IT热衷流行文化的消费用户。

凑份子首期上线的项目有12个。其中，7个智能硬件项目，5个流行文化项目。

不同于其他众筹平台，凑份子具有下面两大优势。

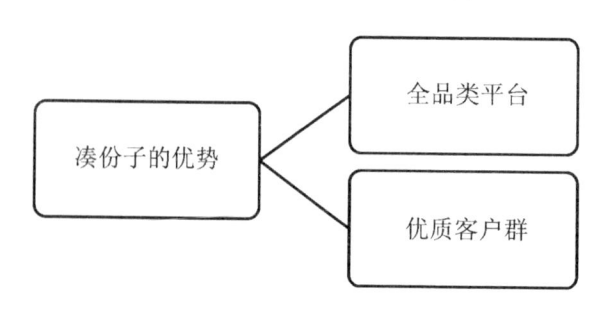

```
                  → 全品类平台
凑份子的优势
                  → 优质客户群
```

凑份子结合了这两个优势，使得平台门槛极低，新奇好玩，全民都有真实的参与感。

凑份子一方面对有创意的个人或小微企业起到扶持作用，另一方面则能提升京东用户的体验，满足用户的消息升级需求。

京东金融做众筹的特点，是优选出好的创意，然后把它们聚集到一起。出资人在凑份子上能找到好玩、有趣的项目，其身份不仅是消费者、众筹投资人，更是参与者。在项目初期，出资人在产品设计、生产、定价等环节，能与筹资人建立起深层次的互动，并能决定产品未来。这些过程都体现出了真实参与感。

1. 为创业者带来什么

对筹资人而言，凑份子不仅仅是一个筹资平台，更是一个孵化平台，京东作为国内最大的自营电商企业，其强大的供应链能力、资源整合能力，为筹资人提供了从资金、生产、销售到营销、法律、审计等各种资源，扶持项目快速成长。在智能硬件领域，京东众筹平台还将联合"JD+计划"，携手创客社区、生产制造商、内容服务商、渠道商等，搭建京东电商金融平台。与其他平台最大的不同在于，京东金融将电商平台在产业链中的位置前置，变单纯的销售平台为从创意到量产的孵化台，完全颠覆了传统的电商模式。

2. 为投资者带来什么

在保护投资者利益上，京东金融对筹资人的背景及诚信度进行严格的审核和筛选，筹得的资金也会实行监控，做到专款专用。除此之外，京东金融还增加了好评度机制，增加了筹资人与出资人之间的信息透明度，实现对出资人的双重保护。

从供应链金融、消费金融、支付业务、平台业务到今天上线的众筹业务，京东金融在互联网金融的布局逐渐多元化。作为京东金融重要的发展部署，众筹业务未来的发展方向不仅仅局限于产品众筹，还会结合自身优势，成为将创意、梦想实现并迅速走向主流化的重要平台。

可以预见的是，无论是在硬件垂直领域的众筹模式，还是电商的众筹业务，它们都会或多或少地对某一行业内产品的首发、供货、渠道、定价等因素产生影响。如果单看硬件垂直领域的众筹模式，它更像是依托在极客群当中的产品模式，不过电商的切入加速了这种模式的商业化左右未来的可能性。

9.4 如何选择商品众筹项目

如果你具备了百折不挠的创业激情和实现自己人生价值的欲望，选择众筹项目就是最大的工作了。尤其你是初始创业，选择可行的项目是最重要的。

众筹项目一般根据功能可划分为贸易型、生产型和服务型等。如何选择到适合自己发展和容易成功的项目呢？根据是什么？由什么来决定你要选择众筹项目的类别？这是因你的"性格、专长、实力、环境"而异的，是初始创业者选择容易成功项目的"四大法宝"。

性格　专长

实力　环境

- 法宝一：因性格而异

"性格决定命运"这话没错，你的性格决定着你的未来。

你的性格是急躁型的，并且一时半会儿修正不了的话，适合做贸易型的众筹项目。千万不能选择生产型的众筹项目，因为生产型的项目需要很长时间的市场适应期，需要具有坚强的耐力，需要在市场上磨练，需要一个市场对你品牌的认知过程。为了确保项目的生存和可持续发展，需要不断地扩大你的规模，你可能等不了那么长时间的令人难以忍受的折磨。一旦你撑不住的时候，你的设备、半成品就一文不值了（贸易型的项目就好多了，顶多卖不了退货罢了），你必然陷入累累纠纷的泥潭之中。

也不能选择娱乐服务型众筹项目，因为现在的客户越来越挑剔，有时候刁钻的客户会让你暴跳如雷，那你的客户将越来越少，最终的结果必然是关门大吉。

以上两类众筹项目适合温柔耐力型的性格。

当然，如果你有合伙人，你们的性格能够互补也是可以选择自己性格不允许的众筹项目的。否则，千万不要冒险。

- 法宝二：因专长而异

你的专业、特长、才智、阅历是你选择众筹项目的主要根据。你的专业和特长，是你选择众筹项目的根本，原则是"做熟不做生"，这有利于你一开始就进入娴熟的工作状态，使你的初始创业成功率高出很多。

当然，你如果具备较高的才智和较丰富的阅历，确认自己能力非凡，哪怕没有什么学历，也可以选择适合你的众筹项目，不一定非要选择自己熟悉的东西，事在人为，因为你能在短期内就熟悉那个行业，这样的成功案例有很多。

通常不主张一个人抛弃自己的专业特长来选择项目，要知道具备专业特长且不失才智和阅历的人比比皆是，他们在业内才是真正容易的成功者。

■ 法宝三：因实力而异

俗话说"让实力说话"。实力就是指你的资源能力。主要含有资金规模、后续融资渠道等，它是决定你初创企业规模和后续发展能力的重要支柱，是企业经营的主线。

原则是"量入为出"。一个生产型企业一般投资都比较大，如果有10万元的创业计划资金，那么你最好后面还有两倍于这个资金数量的储备（包括可融资储备）。

否则，你在经营几个月后，必然处于资金紧张、周转不灵的尴尬境地，被动局面也就可想而知了。你的预算一定不能可丁可卯，要做到绰绰有余，防患于未然。否则，就会有很多苦恼。如果融资效果不佳，也可能有中途夭折的危险。

无论是生产型还是贸易型的众筹项目，都存在在途产品，都要压很多不能直接变现的东西。譬如，原材料占压、库存、半成品、下游经销商占压等等。所以，你的预算要多打少算。

■ 法宝四：因环境而异

这是决定你的众筹项目成功与否的外在因素，就是所谓的"地利"，主要包括政策优惠与否、场所的好坏、人际关系的优劣等等，这是你成功众筹重要的外在条件。优惠的税收政策，使你减少了众筹成本；适合的场所使你如鱼得水，满足生产所需，或人气大增；优良的人脉关系，使你的众筹事业左右逢源。

9.5 如何分析股权众筹项目的可行性

在启动股权众筹项目之前，必须对众筹项目做可行性研究。可行性研究要考察多种可能的方案并识别潜在问题。一般来说，做好股权众筹项目可行性研究要做好以下三个方面的工作。

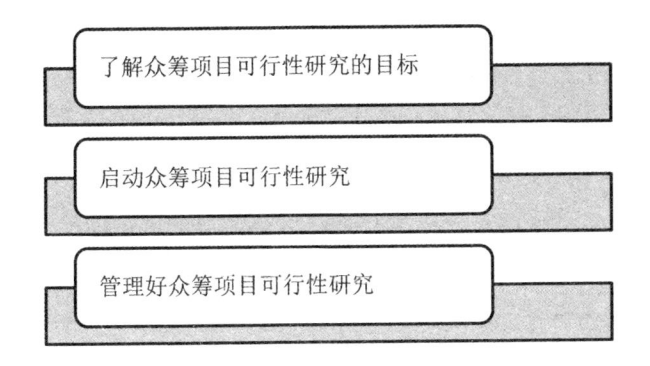

- 了解众筹项目可行性研究的目标
- 启动众筹项目可行性研究
- 管理好众筹项目可行性研究

■ 了解众筹项目可行性研究的目标

股权众筹项目可行性研究需要时间和金钱的投入，对它进行有效的管理非常必要，如果能够理解可行性研究的目的和项目成功的评价指标，就可以集中精力做好工作。

每个股权众筹项目的可行性研究内容不尽相同，但是以下四点是基本的和重要的。

考察备选方案。考察尽可能多的方案，对每一种方案都要分析一下，看看在市场和技术条件的限制之下，这个方案是否可以改进一下。

对重要问题做出明确回答。可行性研究必须对一些重要问题做出明确的回答，特别是在考察备选方案时。这些重要问题包括：对众筹项目成本和收入的估算，对项目参与各方各自目的的理解，确认项目在技术和财务方面的可行性，估算出可能得到的经济回报。

评价各个方案。可行性研究要能够得到足够的信息用于评价各个方案。这些评价指标要考虑众筹项目目的和项目发起人的利益。

提供众筹项目实施方案。可行性研究的结果要能够提供未来众筹项目方案实施的思路。可以把可行性研究看做是一个过滤器，它滤去了那些不能满足众筹项目目标的方案。

可行性研究最终要为下一阶段提供一个更新过的项目产品规范和该阶段的工作计划，它同时可以为项目实施阶段提供计划草案。

■ 启动众筹项目可行性研究

启动股权众筹项目可行性研究需要经过以下五个步骤。

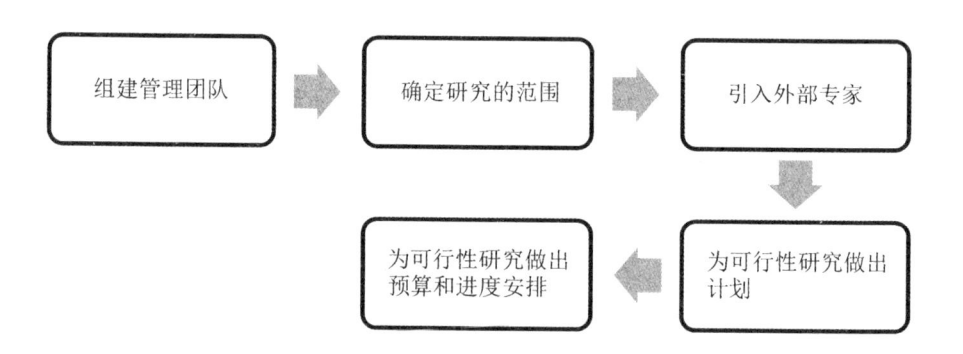

组建管理团队 → 确定研究的范围 → 引入外部专家 → 为可行性研究做出计划 → 为可行性研究做出预算和进度安排

组建管理团队。为众筹项目的可行性研究组建一个管理团队，由经验丰富的管理者和团队成员组成。团队的组合根据项目的性质而决定。一般来讲，这个团队应该包括技术、金融、营销方面的专家。对于大的项目，团队还应包括经济学家、法律和环境方面的专家以及人力资源专家等。可行性研究的组织管理者不一定是随后进行的规划、组织、实施、控制项目的项目经理，但是最好能够让项目经理成为项目可行性研究团队的成员之一。这样，项目经理才能够对项目有更深刻的理解，对项目产生更强的主人翁意识，对项目成功做出更大的承诺。

确定研究的范围。确定可行性研究的范围，要明确研究所要做的工作和对研究工作的一些约束条件。管理者必须明确为方案决策者提供什么样的信息，以便于他们对各个备选方案进行评选。

引入外部专家。邀请外部专家参与并加入到可行性研究的核心团队，如果仅仅是临时调用，需要得到有关方面的许可。

为可行性研究做出计划。所制定的计划包括里程碑计划和职责表。里程碑计划应该划分出可行性研究的关键阶段，定义中间报告和最终报告，计划还应该包括会议和数据收集等等。计划应该突出强调那些后备考察项和它们之间的相互关系，确保从不同角度的调研能够综合在一起，所做的计划既要保持相对稳定，也要有一定的灵活性来应对没有预见到的变化。

为可行性研究做出预算和进度安排。为可行性研究制定时间表和安排预算。时间和预算要计划充分，要能够对备选方案做出有深度的研究，否则将影响众筹项目的可行性。

此外，需要注意的是，预算是为了做好适度的可行性研究，而不是要做类似在设计和评估阶段的更深层次调研。

■ 管理好众筹项目可行性研究

一旦制定了股权众筹项目可行性研究的计划，就要对它进行管理。下面是管理可行性研究的三个主要内容。

明确组织职责。要明确组织的职责，首先需要采取一种基于里程碑式的、有针对性的、灵活的团队组织结构。团队成员要清楚期望得到什么、什么时候得到。他们也同时理解如何能够使自己的工作与可行性研究的框架一致，知道该向谁汇报。这就要求角色和责任定义清晰，而职责表就是一个非常有效的工具。

```
      明确组织职责
      做好内部沟通
      协调控制
```

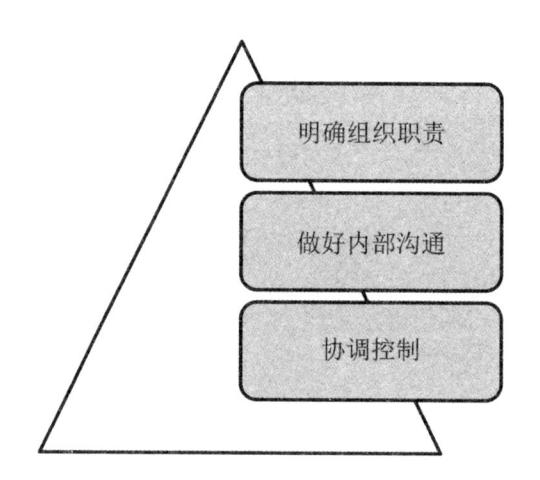

做好内部沟通。 众筹项目可行性研究的实施要求团队成员之间充分地沟通。管理者应该保持与众筹项目发起者的频繁沟通，确保研究目标符合众筹发起者的要求，确保任何需求的变更都能被识别出来。同时，团队也应保持良好的内部沟通，沟通体系要能够保证所收集的信息对于团队成员是容易查询和获得的。

协调控制。 管理者承担对可行性研究进行控制的责任。必须确保众筹项目的各个里程碑能够按时完成，并确保所有里程碑的完成能够及时地得到最终的研究报告。

作为一名众筹创业者或准备利用众筹创业的人，在决策之前一定要做好众筹项目可行性研究，盲目地乱上项目会铸成大错。